张良

Zhang Liang

张良

Zhang Liang

皮波人物国际名人研究中心 编著

国际文化出版公司

·北京·

图书在版编目（CIP）数据

张良/皮波人物国际名人研究中心编著.--北京：国际文化出版公司，2012.12（2024.2重印）
（名人传记丛书）
ISBN 978-7-5125-0426-4

Ⅰ.①张… Ⅱ.①皮… Ⅲ.①张良（？～前186）—传记 Ⅳ.①K827=341

中国版本图书馆CIP数据核字（2012）第199513号

张良

作　　者	皮波人物国际名人研究中心　编著
责任编辑	李　璞
统筹监制	葛宏峰　刘　毅　任立雍
策划编辑	胡雪虎
美术编辑	丁鍷煜
出版发行	国际文化出版公司
经　　销	国文润华文化传媒（北京）有限责任公司
印　　刷	北京一鑫印务有限责任公司
开　　本	700毫米×1000毫米　　16开
	10.5印张　　　　　100千字
版　　次	2012年12月第1版
	2024年2月第3次印刷
书　　号	ISBN 978-7-5125-0426-4
定　　价	40.00元

国际文化出版公司
北京市朝阳区东土城路乙9号　　　　　邮编：100013
总编室：（010）64270995　　　　　传真：（010）64270995
销售热线：（010）64271187
传真：（010）64271187-800
E-mail：icpc@95777.sina.net

目录

目录

目录

年少时国破家亡

遭受父母双亡的打击

"留侯"张良，是智者的代名词，和商朝的姜尚姜太公并名。张良是汉高祖刘邦的谋臣，秦末汉初之际杰出的军事家、政治家，西汉的开国元勋之一，"汉初三杰"（张良、韩信、萧何）之一。张良以出色的智谋，帮助汉高祖刘邦在楚汉之争中夺得天下。他勤于学习、不昧名利、功成身退的人格魅力，在后世广为人传诵。刘邦曾经夸他"运筹帷幄之中，决胜千里之外，子房功也"。张良一生反秦扶汉，功不可没，最难能可贵的是他筹划的大事每一件都成功了。

张良为什么如此优秀呢？这和他小时候的家庭和社会背景有很大的关系。

张良出身于贵族世家。张良的祖父叫开地，三家分晋的时候，成为韩国的

张良的雕像

世卿，历任韩昭侯、韩宣惠王和襄哀王时的丞相。父亲张平，也继任了韩国两朝釐王和悼惠王（又称桓惠王）的两任宰相。不过到张良出生的时候，韩国已逐渐衰落了。

在韩国宰相府的大厅当中，宰相张平急匆匆地在厅中来回踱着步子，不时停下来，看看内堂，而后又开始焦急地盼着。

原来，在内堂里，张平的夫人要临产了，所以张平又焦急又有些期盼。张平听着妻子痛不欲生的声音，急得不断地搓着手，真想冲进去替她分担一些痛苦。

就这样，在煎熬和痛苦的呻吟下，时间一点一点地过去了。

忽然听到内堂传出了一阵脆生的婴儿的哭声，张平一下子给愣住了，然后他欣喜若狂地朝着内堂奔了过去。由于张平过于激动，在内堂的走廊他差点和冲出来报喜的婢女撞到一起。

张平在朝中谈论天下大事时候总是口吐莲花，但是到了现在，他连话也说不利索了，他结结巴巴地问道："这……情况如何，夫……夫人她没事吧？生的……生的是男孩还是……"

婢女扑哧一声笑出声来，欢愉地说："向老爷道喜，夫人和少爷都很安康，万事大吉。"

这真是天大的好消息，夫人没事，而且给自己生了个儿子！张平捏在手心的汗立刻蒸发掉了，而且嗓子也不再跟冒烟似的了，他十分迅速地跑进了内堂，看到接生婆在替自己的小儿子洗澡，他的夫人筋疲力尽地躺在床上，面容憔悴。

张平感慨万千，他走过去抓住夫人的手，轻轻说道："真是辛苦夫人了！没想到我张平竟老来得子，这都是夫人的功劳啊！"

后来，张平给自己的儿子取名叫张良。又过了几年，张平的夫人竟然又生了一个男孩，这可把张平给乐坏了。由于都是老来得子，张平对两个儿子疼爱有加，宠爱至极。但是他们两兄弟由于母亲张夫人很晚年纪才生的，难免会先天不足，所以，张良他们两个从小体质就很差，孱弱多病。

不过，这种天伦之乐没有享受多久，张平因为忧国忧民而长期抑郁，最后弄得自己落下一身的重病，而后没过几天就去世了。家里的顶梁柱倒了，整个家都陷入了危机。后来，张夫人由于不停地忙碌，而且承受了丧夫的压力太久，生了好几场大病，最后也只能在死亡的边缘挣扎了。张夫人临死的时候，她把张良弟兄两个叫到床前，看了又看，实在舍不得就这么抛下两个幼小的儿子，一想全是心酸，张夫人就忍着病痛含着眼泪对张良说："孩子，我马上就要走了，你要答应娘，要好好地照顾弟弟。这家里的财物，以后都归你管理，不过你可要好好支配。我的孩子，你不管做什么事情，都一定要对得起国家、对得起父母，更要对得起自己的良心！你要答应我，我才能走得安心啊……"

别看张良年纪小，但是他还是懂得很多道理，他握着母亲的手，坚定地保证："娘您就放心吧！我不管做什么事情，也不管遇到什么样的困难，都会时时刻刻将您的话记在心中，一定堂堂正正做人，教导弟弟也是如此。"

张夫人见张良这么懂事，而且句句说得让她很放心，终于舒了一口气。没过一炷香的工夫，张夫人就去世了。张良两兄弟十分哀痛，想着从此成为了孤儿，无依无靠，更是哭得撕心裂肺。

换做任何一个人，双亲离去，一定是伤心欲绝，一蹶不振了，但是张良不一样。虽然父亲母亲都撒手人寰，从此兄弟二人可能会过得很艰难，但是，张良并没有因此而沉沦下去。等到为母亲守完孝之后，张良即刻承担起家里所有应当承担的责任和义务，把因为张平夫妇去世而一时混乱的张府，打理得井井有条。张良这么小的年纪就有如此的能力，这让周围的邻居们都称赞不已。

但是，这种安定的日子也没过多少年，让张良一辈子都不能忘怀的事情发生了。在他的父亲过世二十年之后，秦国发兵灭了张良所在的韩国。

红颜祸国

秦王嬴政（也就是之后的秦始皇）刚刚登基的时候，秦国与其他六国彼此对峙，互相都有吞并的意图。不过此时的秦国，军势强盛，远远超过了其他的六国。如果六国能够建立统一战线，共同对付秦国的话，秦国还是比较危险的。令人扼腕的是，六国虽然加起来比较强大，但是绝大部分国家都是目光短浅，只管自己国家的安危，从来不顾其他的国家，秦国就有了将六国各个击破的机会。

但是之前，六国还是曾经联合起来跟秦国斗争过的。秦始皇六年，赵、楚、魏、燕、韩五个国家联合起来攻打秦国。五国把楚王推荐为首领，带兵进攻秦国。双方在函谷关交战，因为实力接近，所以双方一直都处在对峙的阶段。后来，秦国用了一个计策打败了五国联盟。秦国找人制造谣言，说秦国现在与韩国和赵国两个国家已经握手言和了，如果韩国和赵国退兵了，秦国立刻领兵攻打魏国。五个国家虽然是同盟，但是还是各怀着自己的心思在打仗，所以制造的谣言对同盟的五国很有效，立刻让五国的军队人心惶惶，相互猜疑，结果秦国还没有攻过来，同盟之间就四分五裂，士气锐减，后来被秦国打得很惨。

五国同盟中的楚国因为战败，后来为了躲避秦国的进攻，将都城迁到了寿春（今安徽寿县）。自从五大同盟国战败之后，秦国频繁进攻魏国，魏国实力本来就不是很强，所以时刻都面临着被吞并的危险。不过后来秦国国内出现了一些纠纷，不久就退兵了，这才让魏国得以保全。

秦国内部产生纷乱之后，嬴政将之前一直担任宰相一职的吕不韦罢免，开始实行独裁专制，一手掌控着秦国的大权。嬴政在廷尉李斯的殷勤辅佐之下，野心勃勃，他们无时无刻不在筹划着消灭六国的阴谋。

一天，嬴政心中盘算着吞并六国的计划，想早日实现自己一统天下的梦想，于是就把李斯传进来，问他："之前你总是说你有能够统一江山的好计策，到底是什么样的计策，你可以讲一讲。"

李斯早就盼望着有一天秦王能够问自己关于统一天下的问题，现在机会来了，他早就准备好了。他近前一步说道："依臣下来看，大王您如果想吞并这六个国家，并不是一件容易的事情，这就必须要用十分巧妙的计谋，甚至可以不动一兵一卒战胜他们。依我看来，此时咱们和六国对峙，最担心的就是他们的互相协作和支持；假如能够将六国彼此孤立并且将他们分裂，甚至互相争斗，这样我们就能够将他们各个击破。六国如果能够逐渐衰败并且灭亡，那么秦王您一统天下的梦想不就如探囊取物吗？"

"你说得很对啊，我很赞同你这个计划！"嬴政很欣慰地点头表示同意，但是他还是担心这个计划该如何去实施才最为稳妥。

李斯当然想好了怎么去回答这个问题，他进一步说道："在臣看来，如果想要破坏六国之间的关系，最直接的办法就是让他们彼此失去信心，继而相互猜忌，甚至大动干戈。臣下认为，可以从两个方面入手。第一是游说，可以选拔一些能言善辩的说客前往六国，游说他们的君主，从思想上让他们觉得联合起来对抗我们秦国，只会招致自身灭亡，只要能够与我们秦国讲和，臣服于我们，才能平安无事；第二是离间，我们可以收买六国那些掌权的王公贵族，让他们私下进行出卖和破坏国家的活动，他们当中如果有反抗的，那就派人将他们偷偷杀掉，之后可以将杀大臣的罪名推到这国君主的身上，让国家君臣之间相互猜忌，相互质疑，这样国家很快可以垮掉，那么击败这个国家也就很简单了。如果每个国家都是这样的话，一统江山的梦想就指日可待了。"

赢政听完李斯的计策之后，觉得他说的办法巧妙至极，他夸赞了李斯一番，同时问他："那你觉得，咱们这种计谋该从哪一个国家开始好呢？"

李斯考虑了一下，说道："我们可以先对赵国下手，因为赵国的君主赵迁是新立的。由于赵悼襄王十分宠爱赵迁的母亲，于是废掉了嫡长子，改立他为太子，他才能坐上现在这个王位。臣听说他的德行不是很好，而且一直骄奢淫逸。依臣之见，这个新君主一定可以利用色诱的计策去对付。我们可以派人去给这个新君主一些美女，本来就不太善于管理国家的他，以后一定会将整个朝廷都荒废掉的。"

赢政觉得李斯讲得很有道理，就按照他所说的去实行。

于是，秦国给赵国的君主送去了一个叫作美孟的美女。名如其人，人长得十分俊俏，亭亭玉立。结果，美孟真的成了赵国君主的"美梦"了，他天天跟美孟在后宫厮混，寸步不离他的"美梦"，酒池肉林般的奢靡生活，让赵国君主完全沉醉在其中，根本想不起国家政事。

有一天，赵王正在和他的美孟还有一群宫女在后宫尽情玩乐的时候，日夜为国事担忧的大将军李牧觐见。赵王此时玩得正不亦乐乎，当游戏被打断的时候，一下子没了兴致，心中十分怨恨这个不懂享乐的大将军。赵王十分不悦地宣李牧面见，不耐烦地问他到底有什么急事。

李牧十分严肃地禀报赵王说："臣刚刚得到一个十分紧急的消息，秦国虽然表面与我们赵国和好，但是他们却悄悄地派了秦国大将王翦、桓齮、杨端和等人研究我们国家的地形，而且秦国已经开始招募和训练军队了。臣听到这个消息之后，觉得事态紧急，就赶来告诉大王，希望咱们能够早点想到对付秦国的办法。"

赵王听了之后觉得十分可笑，他带着嘲讽的语气说："你这是在小题大做吧！你说秦国在训练军队，我们赵国同样也在训练。他们训练就让他们训练吧，有什么值得你这么担忧的呢？"

李牧还是认为秦国此次训练军队，目的一定是攻打赵国，如果总是贻误战机，到时候可就不好说了。

赵王听完他的说法，显得更不耐烦了，他连声让李牧退下，还说之后假如没什么重大事件，就不要拿一些琐事过来烦他。

李牧认为赵王刚登基没多久，对处理国家政事方面还很欠缺，所以李牧才打算殚精竭虑，鞠躬尽瘁，他本来打算多给赵王提出一些好的建议，让赵王多加斟酌的。

但是赵王并不领情，而且十分生气，还认为即使自己没有即位多长时间，对于处理国事方面从没有失手过。李牧又毫不留情地揭露赵王喜好寻欢作乐，好近美色，还认为赵王的这种行为难免会影响到国事。

这下可激怒了赵王，他对李牧破口大骂，说话的语气带着十足的怨恨与讽刺，让他立刻滚出去。李牧更是难受，他明白赵王始终都不会听自己劝告的，于是他之后什么都没说，默默地退出了后宫。

赵王此刻浑身发抖，他被刚才李牧的话气得半死，十分不悦，他嘴里叨念着"岂有此理"四个字好几遍，并不停地来回踱步。

赵王的爱妾美孟躲在后面听到了李牧和赵王的对话，更是气愤，她趁机走到赵王旁边，装作十分伤心的样子对赵王诉苦："大王啊，看来刚才那位大将军希望您不要接近我们这些女人，我看您也是动了心的。照我看，您就直接把我杀了吧，免得之后如果赵国真的像他说的那样，我反而会死得更惨，到时候他们一定都会说大王您是因为我才耽误了国家大事的。"

赵王一听完美孟说的话，心里更是对她怜爱有加了，看到她凄凄惨惨的样子，顿时什么都烟消云散了。不用说杀了她，就是让别人动一根手指头都是不可以的。

美孟假惺惺地劝赵王把李牧留在身边，这样他会经常勉励赵王以国事为重。赵王说什么都不肯，还说打算将他支得远远的，省得他每天都见到李牧，李牧都会对他一句又一句国事大事什么的，实在是招人烦。

于是，美孟又出了个很"不错"的主意给赵王，让赵王派李牧出去领兵打仗，就再也不用天天听他叨扰了。

赵王高兴得差点跳起来，认为这个主意实在是好，他就打算让李牧去攻打秦国。美孟赶忙劝赵王说，攻打秦国不是上策，因为秦国实力太强大，而且此时跟赵国是盟友关系，事出无由，打起仗来也会变得困难。美孟劝赵王去攻打燕国，因为燕国本来就不强盛，而且攻打这种国家不需要什么理由，只要在他们精神不集中的时候，攻下几个城池。如果李牧战败，就将他定罪；假如他侥幸占领了城池，赵王还可以得到土地，一举两得。

赵王完全没有考虑后果，立刻派李牧领兵去攻打燕国了。

这时候，秦国的李斯接到消息说赵国要攻打燕国，就匆匆忙忙把这件事情告诉了秦王嬴政。嬴政听完消息之后询问李斯是不是攻打赵国的最好时机。李斯认为这个时候正是最佳时机，因为这时的赵国能指挥作战的人只有李牧一个人，而此时他已经被派到北边攻打燕国了，这就相当于赵国已经打开了西面的大门迎接秦国，如果现在不抓住这个机会攻打赵国，实在是可惜，所以，李斯恳请秦王调集人马赶忙去攻打赵国。

秦王嬴政觉得李斯的话很对，就派秦国大将王翦领兵攻打赵国。

秦国攻打赵国，而赵国根本没有准备应战的时间，赵军屡战屡败，没有招架之力。当很多战败和求助的军情被赵王知道之后，他气得快要跳起来了，他立刻找到丞相郭开，问他："丞相，你在我国资历最老，你分析一下这到底是什么原因。秦国之前不是和我们赵国修好了吗，为什么我刚派李牧攻打燕国，他秦国就立刻攻打我们呢？"

郭开分析说："依我来看，秦国这次攻打我们，实质因为我们不应该去攻打燕国，因为攻打燕国，占领城池，这是扩大势力范围的举动，这当然有也想和秦国对抗的目的，这样就违背了当时与秦国修好的条件。所以当秦王知道咱们攻打燕国之后十分生气，就派兵攻打我们了。"

赵王气急败坏地说："这实在是不像话！我根本就没有那个意思，我只是觉得李牧总是在我面前喋喋不休，为了让他不再在我面前叨扰，才让他去外边走动走动的。再者说了，我们赵国攻打的只是燕国，又不是秦国，为什么秦国要插一杠子呢？"

郭开继续说道："禀告大王，虽然我们赵国没有攻打秦国的意思，但是秦国是七国当中实力最强的，而且一直有统一天下的心思，所以秦国总是等待机会去攻打六国。秦国与咱们赵国是接壤的，秦国害怕哪一天我们比他们强盛了。所以，当我们出兵攻打燕国的时候，他们势必要阻碍我们扩大势力范围。"

赵王听了郭开的分析之后更加恼怒了，他认为秦国和赵国应当是平等而且互不干涉的，秦国没有权力去限制赵国。

郭开继续解释说，秦国固然不会有特权去限制赵国，但是因为秦国兵强马壮，而且很喜好侵略和占领，跟秦国相处，有道理也是讲不通的。此时因为能力的问题而屡战屡败，自己国家的七座城池都沦陷了，只能尽快想出抵抗秦军的计谋，以此缓解边境战事。

赵王根本没有办法对抗秦军，他此时已经心灰意冷，而且表现出只要能够抑制战事，做什么都可以的态度，他想了半天，最后觉得如果李牧能够调回来或许会好一点。

郭开认为秦军过于强大，而且李牧此时正在北方与燕国对战，即使现在把他调回来，远水解不了近渴，他也没有时间再去对付秦军了。更何况即使李牧赶到，赶了这么久的路程，一定是人困马乏，士气大减，这时候想要战胜秦国，恐怕难上加难。

赵王听完之后完全没了主意，双手不停地发抖，他再也想不出怎么对付秦国，看来只能坐以待毙。这时候郭开进一步说，还是有办法弥补的，只要赵国停止攻打燕国，再割出几座城池，让秦国觉得赵国不是跟他们作对，应该可以让他们退兵。

赵王仔细想了想，觉得这个办法不错，毕竟只要大家都相安无事就好，赵国幅员辽阔，几座城池倒是可以让得出去，如果战事一起，就会劳民伤财。

后来，赵王在郭开的怂恿下，为了避免战事，送给了秦国九座城池。

吕不韦之死

赵国为了求和，割弃了九座城池给了秦国，这也让秦国离雄霸天下的目标向前迈进了一步。这之后不久，李斯又去觐见嬴政说，上次王翦领兵攻打赵国，赚取了赵国的九个城池，这能够让赵国对本国更加敬畏，也能够让赵国以后再也不敢有任何大的军事行动了。另外李斯还带了一件十分紧急的政事，他告诉秦王嬴政说，之前秦王让文信侯吕不韦回到河南的封邑去隐居，而长时间以来，吕不韦频繁地与六国的诸侯贵族保持联系。

秦王嬴政听了之后暴跳如雷，他本打算让吕不韦回河南自己的家乡颐养天年，不再参与政治上的大事小情了。没想到吕不韦还广招食客，集结群豪，这分明是造反迹象。李斯也认为吕不韦这种举动就是全完不顾秦王对他曾经的青睐和照顾。长此以往，吕不韦恐怕会成为秦国的障碍。

秦王也本打算收拾掉这个秦国的祸根，奈何因为太后，现在下不得手。此时李斯又替秦王想了一个万全之策。

在一个月黑风高的夜里，吕不韦等待着来自韩国的特使，他们约定这天晚上见面。

过了不长时间，吕不韦的侍者带着韩国的特使走了进来。

特使很恭敬地下拜："韩国张文拜见文信侯。"

吕不韦很和蔼地将他扶起来，说道："哪里话，张大夫您长途跋涉过来，这种真情实意让我很受感动。"

两个人又相互寒暄了一阵，特使更夸他声名远扬，受人敬仰，还说到吕不韦在编著《吕氏春秋》的时候，曾经贴出告示说，假如能有人删改得了《吕氏春秋》一个字，就赏黄金一千两，这种举动震惊天下。最让人佩服的是直到现在，也有不少名家过来一试，只是一个字也改不了。

任何人都愿意被人夸而不是被人骂。吕不韦听了特使的这一番话，心里自然十分得意，但嘴上还是谦虚不已。

二人你一言我一语地谈论着，后来谈到了李斯，特使又气愤又小声地说："其实算上我们韩国，还有赵国和魏国，这几年来一直都是战事连连，老百姓水深火热，全都是李斯这个家伙挑拨出来的。很多人都在想，如果没有李斯在其中多生枝节，六国和秦国本就可以和睦相处的，而且每个国度都占有一席之地，各国的平民百姓都会过得很安逸了。我们三国同时约定帮助您把李斯除去。您觉得怎么样呢？"

吕不韦气得浑身发抖，他拍案而起，愤怒地指责李斯，说当初是他将李斯举荐和委以重任的，现在当他有了权势之后，不仅不知恩图报，还三番几次地利用秦王嬴政将自己置于死地。吕不韦还愤愤地说，像李斯这种阴险狡诈的人本该被铲除。

特使也是义愤填膺，还说他们联合赵国和魏国，为了之后能和秦国和睦相处，都很有诚意地拥护吕不韦当秦王。还提醒吕不韦要多看准时机，应当趁着嬴政还稚嫩的时候，抓紧时间解决一切。

面对韩国特使的劝告，吕不韦考虑了很长时间，才最终点了点头，他觉得也是行动的时候了，就告诉特使说："那好，我已经考虑好了，那就有劳张大夫替吕不韦感谢韩王，如果我吕不韦哪天再能够在秦国处理政务，那么，我敢保证秦国与韩国，绝对能够和睦相处，请让韩王放心。"

韩国的特使此时却露出了邪恶的笑容，他听到吕不韦的这些话之后，立刻从怀中掏出一封信，说让吕不韦仔细看看。

吕不韦本来以为是韩王交代如何除掉李斯的计划书，但是当他打开信件一看，发现那根本就不是韩王写的，因为上面是秦王的印玺。这下子吕不韦震惊了。

特使假装同情般地咳嗽了一声，轻叹了一下，说道："我本一直在想，你吕不韦到底对我们秦国有什么大的功劳？你却倒好，你不仅没有对我们秦国做过什么轰轰烈烈的大事，秦王却那么偏爱你，还封给你河南十万户的食邑，让你当王侯。你吕不韦本来就和我们秦国没有什么太大的关系，而秦国也没有因为你是个异姓大臣排挤你，后来还把你尊称为仲父。难道我们如此对待你，还有什么让你不满意的地方吗？"

吕不韦越听越感觉浑身冒冷汗，他知道自己中计了，再次中了李斯的奸计，这一次，恐怕是真的栽在了他和嬴政的手里了。吕不韦冷冷地说道："是嬴政派你假冒韩国特使来将我治罪的吗？"假冒的特使默认了。

吕不韦后撤了两步，几乎都站不起来，他心想，李斯这个人实在是阴险至极，如今栽在他手里让人不甘，只是嬴政这家伙也是让人觉得寒心，小小的年龄就这么狠毒，将来必定成为暴君啊！明白了秦王和李斯就是想将他置于死地，吕不韦嘲讽地笑着，没有辩驳，没有什么恶狠狠的话，只是心里觉得，没有完成天下安定的使命，实在是可惜。

特使问吕不韦还有什么要交代的后事，吕不韦轻蔑地看了他一眼，从一个秘密的箱子中拿出毒酒，说："可怜这天下恐怕……好了，我没有什么话要说了。请你回去向你的主子报捷去吧！"

假冒使者刚要上前去有话要说，吕不韦看也没看他，一口气将毒酒都喝了下去。

赵国大将军陨落

这时候，吕不韦畏罪自杀的消息不胫而走，没多久就传到了魏国。

魏国的宰相叫魏阳，他听到这个消息，实在是高兴坏了，他说吕不韦死了，就相当于秦王帮他报了仇。魏国有很多人知道，魏阳在之前的一段时间，派手下跟吕不韦多加联系，增进感情。魏阳说跟吕不韦走关系，讲交情，都只是一种政治的手法，其实心里对吕不韦这个人很怨恨。

魏阳还对形势分析了一下，他说如果吕不韦活着，自己定会有一些顾忌，现在吕不韦已死，魏国将来一定会越来越好。秦国现在是李斯执政，他现在已经派人与魏阳秘密在商议联合起来攻打楚国的事宜。楚国自打上回在函谷关战役落败之后，总是责怪魏国不合作，后来还有好几次做出了对魏国十分不利的政治事件，魏阳很早就希望劝说魏王派兵攻打楚国，怎奈自己国家的实力跟楚国相差太远。现在的形势是，吕不韦畏罪自杀，秦国对魏国态度就相当于李斯对魏阳的态度，所以秦国主动找到魏阳，请求魏国跟秦国一起合并吞掉楚国。攻打楚国，势在必行了。

果然，魏国宰相魏阳说的事情真的发生了，秦国真的出动了大将杨端和与魏国的大将宋明结成同盟，一起攻打楚国。秦魏同盟军与楚军会战，将楚军打得落花流水。楚军只好撤退三十多里地，驻扎着与同盟军对阵。

对于魏国来说，这是一场畅快淋漓的大胜仗，每个人都沉浸在胜利的喜悦当中。魏国大将宋明为了长远打算，决定与秦国大将杨端和一起商议之后的作战方式。当宋明见到杨端和就互相恭维了一番，都认为作战之时对方的军队勇猛如虎，才有了现在的大胜。

之后宋明直接切入主题，想跟杨端和一起商议双方军队联合制敌的办法。但是杨端和还没等宋明的话讲完，立刻打断了他，说有关制敌的办法估计要暂缓了。杨端和说秦王命令他带兵帮助魏国攻打楚国。而此时魏军已经大获全胜，他奉了秦王的命令要即刻班师，秦王还有其他的任务要交给他。

宋明觉得秦国与魏国同盟军现在刚打了一场仗，不能说是大获全胜，而且秦军突然撤走也会对他们魏军产生损失。

杨端和就指责说，自从他领兵打仗，保家卫国以来，经验十分丰富，肩上的责任也十分沉重，不可能连敌人的进退都搞不清楚。后来杨端和被问烦了，毅然地甩袖走人，留下了不明所以的宋明捶胸顿足。当宋明还正为秦军突然撤军，盟军瓦解对魏军十分不利的情况而沮丧的时候，忽然听到离得很近的地方不时传出喊杀声与战鼓声，原来是楚军得到秦军撤退的消息，立刻过来偷袭魏军。

这一切，都是秦王嬴政采纳李斯献的一石二鸟的策略而实行的，当然结果也是让他们很满意。李斯的计谋是，秦军可以假装与魏国建立同盟一起攻击楚国，然后临时撤出，让魏军和楚军作战，结果没有秦军帮忙的魏军一败涂地，楚国也消灭了一些自己的有生力量，这时候秦军就可以乘机派大将桓齮领兵攻打赵国。

赵王得到秦军要攻打自己国家的消息如坐针毡，他立刻找来宰相郭开，对他埋怨说上次已经给了秦国九个城作为修好的条件，本以为长期之内不会有动静，现在倒好，还没多长时间，又攻打过来。郭开这次也没有说辞了，只能说秦国太不讲信义了。此时赵王也发现郭开只是嘴皮子好使罢了，不再重用郭开，急派李牧与秦军一战。

李牧是赵国的猛将，而且带兵打仗经验十足。李牧率兵与秦军部队遭遇，展开厮杀，结果大获全胜。

嬴政得到李牧完胜秦军的消息之后着实吓了一跳，他怎么也没想到赵国还有如此之人，于是慌忙找来李斯问计。

李斯说秦国的将领没有一个人能够打败李牧，不过天下却是有一个人能赢过他，那个人就是赵国的君主。嬴政立刻心领神会——君让臣死，臣不得不死。

就在这个时候，只顾沉迷在女人堆中的赵王怎么能知道他已经快要到遭遇亡国杀身的境界了呢？像他这种人，只会整天沉迷于声色犬马之中，就是死也不知道怎么死的。当赵王不停地夸奖李牧的时候，他的爱妾美孟又开始心里不是滋味，故作姿态地要赵王把她杀掉，赵王哪里肯，不停安慰美孟。就在这时候，丞相郭开求见，赵王一听又是这个不中用的家伙，很不耐烦地让侍者把他叫进来。

原来，这次郭开是过来诋毁李牧的。他说李牧自从打了好几次的胜仗之后，就开始再也听不进别人的劝告，他一直按兵不动，郭开派使者过去质问他，李牧不仅没有答复，还一副爱答不理的样子，所以郭开认为他是要造反。

赵王还没听完郭开的话，就破口大骂："你不要总是诬陷好人！人家李牧接连打了好几场胜仗，他养精蓄锐也是情有可原。就因为这点芝麻点的事情你却要说他造反？你这个没用的东西，像你这种连一把剑都拿不稳的人，我还让你当相国，你的脑子又不灵活，跟秦国本来订下和约，但是时间不长秦国又攻打我们，这还得让我请李牧去打仗。你竟然还诋毁他，真是不知羞耻！"

郭开被骂得狗血淋头，他自知理亏，哑口无言，灰溜溜地走掉了。

原来，丞相郭开与赵王的爱妾美孟有紧密的联系，他们都是秦国在赵国的间谍，而且都想把他们恨之入骨的李牧扳倒。美孟也替郭开着急，她说李牧现在赵王面前，抢尽了风头，是因为赵王认为只有李牧才能保护好赵国，即使李牧再怎么得罪赵王，赵王还是很重用他的。

郭开也明白美孟说的，他只担心李牧对他们两个都很厌恶，如果不早点将他置于死地，那他们两个迟早也会走投无路的。

美孟突然听到刚刚郭开说李牧要造反，就询问他有没有证据。郭开低声对美孟说，想要证据十分容易，如果美孟能够怂恿赵王派人接替李牧，李牧莫名其妙地被解除兵权，他心里当然不会善罢甘休。他如果不交出兵权，那证据就有了。

果然，还没有过多长时间，昏庸的赵王就听从美孟的话，派将军赵葱去接掌李牧的兵权，并且让李牧回邯郸待命。

赵葱得到命令后，十分高兴，他立刻带了 500 亲兵，赶往前线。原来这赵葱本性十分骄傲，他自身没有什么才能，却看到李牧战功显赫，实在很不服气。他总是觉得如果换上自己去领兵打仗，一定打得比李牧漂亮。这次赵王派他去接掌李牧的兵权，是中了美孟和郭开的离间计。他还满心以为大展身手、平步青云的日子来了。所以赵葱这一路上想的是怎么战胜秦军、班师回朝的场景还有赵王对他信赖有加，对他加官晋爵的幻梦。想到这，他就忍不住得意地大笑，他的亲兵仿佛是丈二的和尚——摸不着头脑，赵葱理也不理他们，只催促着大家拼命赶路。

过了几天，赵葱到了前线，立刻让人去告诉李牧关于调度的事情，他本来认为李牧会前来迎接，谁曾想到李牧只不过派了个传令兵请他过去，这下可把赵葱气得浑身发抖，气不打一处来。但是人在屋檐下，不得不低头，赵葱只好带了亲兵到李牧的营帐去拜见他。

以前李牧听说过赵葱的德行，很看不起他，现在又看到他那副得意扬扬的样子，十分气愤。李牧也不请赵葱坐下，只是冷冷地问他来到底为了什么事情。

赵葱看到李牧这么对待他，更是火冒万丈，但他还是强忍着心中的怒气，说他奉了赵王的命令，前来接掌李牧的职位和兵权，赵王命令李牧立刻赶往邯郸待命。

李牧觉得十分震惊，他认为现在正是军情紧急之时，不可能突然调换主将，于是质问他，既是奉诏而来，让他亮出兵符。

赵葱趾高气扬地拿出了半块兵符，递给李牧，李牧从腰间也取出自己的半块兵符与这半块对接，仔细看了看，确实是赵王的兵符。但是李牧认为，将在外，君命有所不受，而且他进攻计划正进行到一半，如果中途更换主将，一定会遭挫败。于是李牧就打算让赵葱先休息几天，等自己的计划完成之后，再派人向赵王请命，看赵王能不能改变旨意。

赵葱听完之后不乐意了，他不认同李牧的这种想法，认为今天既然奉命而来，就应该依命行事，让李牧立刻交出兵符。

李牧也十分生气，他认为自己带领重兵对抗秦兵，现在正是紧要关头，而赵葱却带着几百个人就接管他的 20 万大军，这种儿戏般的举动实在不能接受。

赵葱污蔑他这是抗命造反，而且赵葱说早就有人告发他蓄谋造反，赵王只是没有真凭实据，所以一直没有拿李牧治罪而已，现在赵葱认为李牧的行为就是造反。

李牧气得浑身发抖，他也不想多说废话，就喊侍卫将赵葱拿下。但赵葱是很阴险狡诈之人，他早就料到李牧会这么做，所以在进帐以前，吩咐自己的手下将李牧四周的守卫都击倒了。

李牧此时气得连嘴唇都咬破了，他话不多说，心想擒贼先擒王，拔出宝剑就向赵葱刺去，赵葱没料到李牧来势如此迅猛，情急之下只好上身往后一仰，躲闪了这一致命攻击，但是他的身体也因为失去重心而倒了下去。李牧见赵葱倒下，又是一剑劈下去，赵葱被摔得快要晕厥过去，知道自己不能躲开了，只好从左边一个亲兵的手里夺过一把刀抵挡上去，李牧的力气很大，他的宝剑在刀上偏了下去，这时候赵葱连滚带爬地逃走，浑身直冒冷汗。

这时候，李牧被赵葱的亲兵死死困住，纵使他勇猛神武，左突右冲，但还是没有办法突围出去。李牧心想大势已去，看来赵国离灭亡不远了，他把剑横在脖子上想自杀，但是一位机灵的亲兵看出他的意图，下了重手扫中李牧的腕骨。李牧一阵疼痛，他的宝剑也掉落了，接着腿部又被亲兵的刀砍中，双臂、腰、腹连续挨了几刀，疼得他晕了过去。

等李牧醒过来的时候，赵葱早就站在他的眼前，脸上带着十分可憎的表情，想让他认罪。李牧的心已经死了，他看到赵葱这种可憎的表情，只是嘲讽地冷笑，对赵葱破口大骂，说赵国有他们这些小人把持朝政，滥杀无辜，国家看来是真的要毁灭了。

此时赵葱再也不想听到李牧对自己的唾骂声，他立刻让亲兵把李牧推出去斩首了。

李牧是赵国的英雄，他驰骋沙场这些年，从来没有遇到过对手，即使是实力强盛的秦军。他的戎马生涯是光荣而骄傲的，但是谁曾想他如此冤死在赵国那些把弄朝政的小人手里，实在让人觉得可惜！

韩国的灭亡

自从李牧不明不白地受小人诬陷冤死之后，秦国的大将桓齮将自诩为无敌的赵国大将赵葱打得大败，直接拿下了宜安、平阳两座城池，赵国就如李牧临死前说的，离灭国也越来越近了。

此时，韩王听到消息后，觉得局势十分危急，他也不想步赵国的后尘，朝中也十分恐慌，急忙派了韩非赶往秦国，让他为秦国效忠，而且献出了几个城池，还命韩国作为秦国的臣属。

后来，韩非赶到了秦国，他认为以自己的聪明才智，说服嬴政保护韩国简直轻而易举，但是自己却有口吃的毛病，到时候见到秦王不能比画着手势说话，更不能用纸笔与他交谈。他觉得自己担当如此重任，如果事情真的不顺利，不光自己一个人身败名裂，而是整个韩国也离灭亡不远了。这时候他想起他的老同学李斯现在嬴政面前很受信赖，于是准备了一些见面礼，带了几个随从，前往李斯家中拜望。

李斯见到韩非就知道他是为了什么而来。但还是寒暄了几句，直到韩非把自己的担负韩国的使命细告诉了李斯，并且请求李斯替他在秦王面前多说几句好话，李斯心中嘲讽了他半天，才说韩非既然是他的老同学，自当是尽全力而为。韩非千恩万谢地走了之后，李斯立刻进宫拜见秦王，把这件事告诉了他。

嬴政听了以后觉得韩国既然不敢和秦国作对，自愿当秦国的臣属，也是个好事。因为嬴政听过韩非的大名，以前读过他的书，觉得他的见解非常精辟深奥，而这个韩非正是那个写《孤愤》《五蠹》的韩非。所以嬴政一直希望能和韩非本人当面讨论些治世之道，认为这样可以学习到许多东西，所以嬴政打算让李斯明天早朝之时带韩非一起进宫。

李斯认为，韩非的学问虽然不错，他毕竟是韩国的人，而秦国日思夜想的正是想兼并六国，秦国很多次攻打韩国，早就跟韩国和韩国的人结下了很深的仇恨。现在韩王之所以会派韩非来献出城池，打算双方修好，无非是因为秦国的实力比他们强很多，他们只是暂时忍辱负重，早晚一天会攻打秦国的。而且现在秦国和韩国正是对峙的阶段，如果想要韩非出良策去帮助秦国，韩非一定不会乐意的。

秦王考虑了一下，觉得李斯说得在理，就打算让韩非回韩国。但是李斯却认为这样很不好。

李斯认为，放虎归山，必有后患，现在韩非如果不能被秦国所用，那么像他这种人才，也一定不能再放回韩国，以免日后他帮助韩国对抗秦国。李斯觉得应该将韩非下狱治罪，以绝后患。

秦王嬴政认为这么做不是很人道，而且会引起人们的反感。李斯觉得，秦国实力强盛，其他国家想巴结都来不及，更不敢反感，而且如果想成大事，就应该不拘小节。

嬴政自然是没有办法反驳，觉得想要成就大业，必须有所牺牲，就同意了李斯的决定。李斯暗自庆幸自己的阴谋能够得逞，他一出宫门，立刻派人抓了韩非，将他打入大牢。

　　原来李斯虽然学识广博，可是他的心胸十分狭窄，他认为韩非的学识和才能还有治国各个方面都不是自己能够达到的，心里十分嫉妒他。之前他们两个都是荀子的徒弟，但是之前没有什么利害冲突，所以还能相安无事。这次韩非作为求和大使远赴秦国，李斯害怕秦王与他见面之后重用韩非，大大削弱了自己的政治地位。所以李斯决定设下一个阴谋诡计，决心将韩非置于死地。

　　韩非是个心地善良、宅心仁厚之人，他怎么能想到这是李斯的阴谋诡计呢？就在被关在牢狱之时，韩非还不断贿赂狱官，让他帮忙去通报老同学李斯，请他设法为自己解脱罪名。

　　狱官本以为韩非和李斯是老同学，交情一定很不错，如果现在为他传话，不但能得些好处，还能攀上关系，将来说不定会飞黄腾达，于是他报告给李斯。但是当李斯听了狱官的传话，立刻勃然大怒，指责狱官多管闲事，狱官这才明白其中道理，吓得他连连请罪。

　　韩非一连等了好几天，还是都没有老同学李斯的消息，已经明白了其中道理，就要了一些纸笔上书秦王为自己辩白。韩非写完后，又拿了些钱给狱官，请他转奏秦王。

　　狱官这次想都没想，立刻将奏章送到李斯手里。李斯一看，暗自庆幸这封奏书落在自己手中，要不然他的前途可就毁在这封奏章上面了。李斯狠了狠心，立刻派人拿出一瓶毒酒，交给狱官，说这封奏书由他自己转交秦王，韩非这个人是韩国派来的奸细，关在牢狱中还想使用挑拨离间的阴谋，让狱官回去把这瓶毒酒给韩非喝下。狱官立刻回到大牢依命行事，毒死了韩非。

韩非死后不久，秦国立刻出兵攻打韩国。战场失利的消息不断地传到韩王耳中，韩王忧心忡忡，急忙召来相国公孙郝问计。

韩王认为这次韩非被派到秦国，本来是打算缓和一下韩国和秦国之间的战事，谁知道秦国不守"两国交战，不斩来使"的道义，杀死了韩非，竟然还派领兵攻打赵国，希望相国能想出一个御敌的办法。

公孙郝认为，韩国势力本来就很薄弱，但是其他国家都不出兵帮助韩国对抗秦军，这才忍辱负重，打算依附秦国，秦国狼子野心，打算兼并韩国的土地，掠夺韩国的百姓。既然局势发展到了现在，就应当奋力一搏。他还认为，只要联合起六国的力量，抵御秦兵还是有办法的。

韩王却不这么认为，因为之前朝廷主张与秦兵互不干扰，如果暂时可以保住国家，可以适当低头，后来当赵国和魏国出现战事的时候，韩国也只是观望而没有救援。现在韩国被秦国攻打，其他国家自然也不会救助韩国。后来，即使是在公孙郝的号召下去往齐国和楚国求助，果真没有任何回应。后来，韩国很快就被秦国打败了。

在磨砺中成长

计划刺杀秦王

此时，张良受到了国破家亡的打击，后来弟弟也不幸去世，连埋葬的地方都没有。张良万般无奈之下，只好变卖了所有家产，花了大半的钱希望能够找到一位真正勇猛的刺客将嬴政刺死，以报国仇家恨。张良心想："如果能够将嬴政刺死，这样秦国就会陷入一片混乱，兴复韩国的希望就有机会实现。"

但是现在秦国已经兼并了一半多的国家，他们实在是很强盛，到哪里去找那样既勇猛又可以冒着生命的危险去刺杀嬴政的人呢？想要实现这个目的，比登天还难。张良原本就是韩国的贵族公子，国家败亡之后，他的生命威胁也相当大，所以他只好乔装打扮，悄悄逃出了韩国，经过了荒芜的小道，跋山涉水，一边暗地察拜访能人异士，希望能找到一位助他报国复仇的侠士，一边暗地里观察天下局势，想能有适当的时机，完成复国的愿望。

张良在这样的生活中过了很多年。这些年来的历练，让张良变得更加成熟，他心中兴复韩国的意志不但没有随着岁月的流逝而稍减，反而与日俱增，更加坚定。

有一天，张良来到了徐、淮沿海地带，无意间听到有人谈论隐士仓海君的事，张良不禁顿悟，马上准备了一份礼物，前往仓海君的家中拜访。

原来，这仓海君和张良本来就是旧相识，所以当他看到张良前来拜访，十分惊喜。他们二人互相寒暄了几句，张良也把之前的家境遭遇以及这些年独自在外面闯荡的事情细说了一遍。

仓海君十分同情张良这些年来的遭遇，听张良说现在他正四海漂泊，就邀请张良在他家住一段时间养精蓄锐，之后的事情再商议。于是，张良就在仓海君的盛情邀请下，暂时寄住在他的家中。

有一天晚上，仓海君准备一桌酒菜，叫仆人请张良出来一叙。张良一踏进客厅，就看到仓海君正和一位挺拔魁梧、身体强壮的人在说话，张良暗自欣赏眼前这个壮士。

仓海君看到张良已经出来，立刻起身将这位壮士引见给张良。两个人也寒暄了几句，又礼让了好久，才依次坐下。

酒过三巡，菜过五味，仓海君提起一件事情，那个叫甘霸的壮士前次上山砍柴，碰到一只老虎，结果那个老虎被甘霸腰间的铁锤三两下打死了。听到这里，张良突然说："甘兄，您能不能在这地方露一手，让我们一饱眼福呢？"

甘霸这人本来就憨厚直爽，但为人很是谦虚，他憨笑两声说："我那些都是皮毛功夫，上不了大台面的。"

仓海君也希望甘霸能够为他们露两手，也好助助兴。那甘霸原本就是个很豪爽的人，他见张良和仓海君都有意要他展示展示，也就不再推脱，取下了挂在腰间的那对铁锤，大踏步地朝着屋外走去，他先折下四根树干，每隔五步就插一枝，再搬两块大石摆在树干两侧五尺左右的地方，仓海君觉得奇怪，忍不住问他说："甘兄，你这是要干什么？"

甘霸憨笑了两声，没有回答，只是说："麻烦您叫人拿四个碟子，四个鸡蛋出来好吗？"

仓海君也不知道他到底要做什么，但还是让人把甘霸所要的东西拿了出来。甘霸接过以后，小心翼翼地在每根树干上摆了一个碟子，在碟子上再放上一枚鸡蛋。放好之后，回头抱拳说了声："在下这就献丑了。"说完他就开始舞动双锤。

刚开始，甘霸转得慢一些，还能够看到他的身影，但是到了后来越转越快，张良他们两个只能看到有一团带着光影的东西在院子当中虎虎生风，当他们正看得眼花缭乱的时候，忽然听到甘霸大叫一声："着！"

突然听到了四声轻微的破裂声，四枚鸡蛋全都破了，但是鸡蛋底下的碟子竟然连晃都没晃一下。接着又听甘霸又大喝一声："去！"忽然两声巨响，原先摆在树干两旁的大石头已经四分五裂了。

张良和仓海君看得完全痴迷了，他们都张着可以放下鸡蛋的大口，过了很长时间才反应过来，齐声叫好，称赞甘霸的功夫。

待到三个人回屋之后，张良才将自己的疑惑说了出来，他刚才看到甘霸的铁锤脱手击破鸡蛋后，不知道为什么还能够再调过头来击碎两旁的大石头。甘霸又是憨笑两声，解释说他的这锤柄的末端系了一条细链，链子的尾端有个扣环，可以扣在手腕上，所以，铁锤脱手后，只要用力用得巧，自然就能随意转换方向。

随后，三个人尽兴聊了很长时间，直到深夜才各自回去。自打这之后，张良与他们两个只要有空的时候就聚在一起聊天、喝酒，谈论天下形势。张良后来得知甘霸的家境贫寒，家中还有一个老母亲需要照料，而他也只是以打柴为生，所以常常偷偷地塞些银两给他。

刚开始甘霸说什么也不肯接受，但是张良说，朋友有通财之谊，除非他不把张良当朋友看待。甘霸听了张良这么说，自然没有办法反驳，只有满怀感激地收了下来。

转眼又是几年过去了，甘霸的母亲病逝了，张良拿出一笔钱帮他厚葬了母亲。甘霸也是个知恩图报的人，他守满了丧期，就过来找到张良说这些年来一直受到他的照顾，他无时无刻不铭记在心，但是因为有母亲在身边，没有放下心为张良办事，而现在完全没有其他的事情需要料理，希望能够报答张良这些年来的帮助。

张良虽是生在贵族之家，但是由于家境遭遇，这些年来在外漂泊，也已经养成十分豪气的性格，他觉得朋友之间的小恩小惠，根本不用放下心上，不过，张良觉得甘霸这个人也许就是他几年来一直寻找的刺杀秦王的勇士。所以张良寒暄甘霸几句之后，看了他半天，才问了他一个问题——怕不怕死。

甘霸的话也感动了张良，甘霸说，死有重于泰山，有轻如鸿毛，如果死得其所，死并没有什么可怕的。张良十分佩服甘霸的勇气，并且询问了他这铁锤的具体重量以及攻击范围。甘霸说他的铁锤每个重约60斤，如果近身搏斗，只要敌人近在一丈以内，就必死无疑，如果是除去腕上的扣环飞击出去的话，200米内都可以百发百中。

张良确认这重量和攻击范围都十分合适，于是决意请甘霸出山帮忙，去刺杀秦王嬴政。

甘霸认为，自从上次燕国曾经派荆轲刺杀秦王失败之后，嬴政四周的护卫增加了不少，防范搜索的工作更加严密，单凭两个人的力量，想在严密防卫下击杀他，恐怕行动会失败。

张良这些年不是白在外边闯荡的，他早就积极准备着刺杀秦王嬴政的行动了。所以他胸有成竹地从橱子里拿出一张地图，找到博浪沙，说他最近得到一个情报，用不了多长时间，秦始皇就要东游，极有可能途经博浪沙。博浪沙这个地方地势险峻而复杂，很容易找到藏身的地方，如果在这里动手，不管事情能否成功，都能够全身而退，而且这边的驿道就只有一条，如果秦始皇路过博浪沙，就一定能够让这天下得而诛之的嬴政死在这个地方。

甘霸听完张良的计划之后，只是憨厚地说如果比比力气，舞枪弄棒自己没问题，如果讲智谋、论谋略，他就一切听从张良的安排。

张良得到甘霸的支持，格外激动，心想终于能够找到机会刺杀秦王这个暴君了，他和甘霸敲定完动身日程之后，就收拾东西，第三天的一大早，背负着艰难的任务，前往博浪沙去刺杀秦王了。

博浪沙失手

张良与甘霸两个人敲定完日程之后，他们就在约定日期见面，之后披星戴月，翻山越岭，赶了好几天的路程，终于抵达咸阳。

张良一到咸阳就找了此地最大的一间酒楼，装作公子哥似的得意扬扬地走了进去，还点了几个咸阳最精致的菜肴。等到店小二走远，甘霸就一肚子疑问，说他们一路上都是小心谨慎地躲避着，为何到了咸阳城来却明目张胆、招摇过市，这样岂不是破坏了刺杀秦王的大计吗？

张良很镇静地解释说，自打他们踏进咸阳的第一步开始，早就有人盯上他们了，张良还暗中示意甘霸说靠窗的那两个中年人可能是秦王的手下，因为他们从张良和甘霸进城一开始就在跟踪他们，现在已经续换了三拨人马执行这个任务。但是张良与甘霸路上都是经过乔装打扮的，也省去了不少麻烦，现在的咸阳是秦始皇的必经之地，所以对城内百姓的盘查自然是十分严密，而且甘霸身上又带着一对铁锤，所以张良才想了一个计策，他换了这身贵公子打扮，掩护甘霸进城，而现在纵使这几个监视的人对他们起了疑心，也绝对不敢贸然过来盘问。因为在咸阳城来往的人大部分都是王公贵族，如果得罪了那些人，纵使是秦王的手下，也要吃不了兜着走。

果然，那几个秦王的密探当看到一个趾高气扬的贵公子带着个魁梧的壮汉进了咸阳城，心中很是疑惑，但是又不敢贸然过去盘查，只能暗地里小心翼翼地观察他们的行动，如果真的是刺客，那防范不周的帽子扣下来，会小命不保，所以他们派了好几拨人去跟踪，一直尾随到了酒楼。他们坐了半天，仍然只是见到他们两个人神定气闲地喝酒吃菜与聊天，他们这才确认这两个人指不定是哪个王公贵族的亲人，携带自己的食客来到咸阳吃喝玩乐，所以这些密探坐了不久就走了。

张良与甘霸又在酒楼多坐了一会儿，也就匆匆离开酒店，找了一间客栈休息。第二天，他们准备了一些干粮，又买了两匹健马，就直接赶往博浪沙。

到了博浪沙，两个人找了一个小山洞，在那里整理了一番，暂时住下了。

到了第三天的早晨，当两个人正在睡梦当中，突然听到远处传来一阵阵的马蹄声，其中还夹杂有车辆行走的声音。张良他们两个几乎是同时跳起来，脸上都露出激动的表情，立刻赶到之前找好的土丘后面藏起来。

前面一片尘土飞扬，尘土慢慢消失之后，他们的视线也越发清晰，刺杀秦王嬴政的时刻终于即将来临了。

只是让张良感到沮丧的是，秦王嬴政害怕在东游途中遭遇刺客，所以他准备了五辆御车，让人猜不透他到底在哪一辆车上。最终，张良细细考虑了一番，还是根本无法判断秦王到底坐哪一辆车子，只能满带懊悔地打算放弃计划，以后再找机会行刺。

但是甘霸却认为他们费了如此的心血，就这样放弃实在是太可惜，而且如果错过这次机会的话，不知道还要再等多久才能再有机会行刺。所以甘霸打算让张良先撤退，他一个人动手。张良满脸的惊诧，他凝视着甘霸半天，后来神色变得忧郁，他突然翻身下拜，甘霸见了吓了一跳，急忙把他扶起来。张良神色黯然地说："甘霸你能冒死为我报国仇，我这一拜是为全韩国的人民向您致敬，甘兄，请多珍重！"甘霸含着泪水直到看张良走远了，才定一定神，估计车子的距离。

秦王的车队越来越近，甘霸看准了最前面的一辆御车，开始舞动着他的铁锤，突然飞锤脱手而出，御车旁的一个的副将，看见一个黑乎乎的东西直朝自己这边飞来，心中大叫一声不好，提起钢枪一刺，哪里知道这一刺不但没把那个飞锤拨开，自己胸口却好像被数千斤的东西突然重击一下，摔下马一连吐几口鲜血，立刻昏死过去。身旁的大车也在同时被铁锤击中，一声巨响，接着碎片四飞，车上的人立时惨死。这时候众人才反应过来。

甘霸从土丘的后边挥舞着铁锤冲杀出来，迎上来的士兵，手中的武器都已经被震飞，而且有的士兵脑浆四溢，当场死亡。士兵们看得胆战心惊，但是都知道不上前的后果就是被秦王杀死，只好一个接一个地向着甘霸冲来。甘霸眼看着那些士兵把自己和其余四辆御车隔开了很远，虽然冲了一次又一次，但仍然无法突破重围，只得且战且走，匆忙撤退了。

李斯见到刺客突然逃走，一边叫人去追捕，一边让士兵清理现场。当李斯过来看望秦王嬴政的时候，他脸色苍白，浑身直冒冷汗，也不想多说什么，只是用颤抖的声音让李斯赶快去诏告天下，搜寻刺客十天。

张良从博浪沙逃跑之后，心中一直挂念甘霸的生死。不久，张良正好碰到几位从咸阳来的商人。张良寻思正好可以从他们口中套出些话来，所以故意和他们接近，那几个商人看张良出手大方，为人磊落光明，也很乐意和他攀谈。

有一天，咸阳的商人们又聚在一起聊天，不一会他们聊到锥刺秦王的事情。这些商人当中有个人本来就很能讲故事，他把博浪沙的事添油加醋地细细描述了一遍，就跟他当时也在场一样，最后他竟然还说那个力士（甘霸）应该是海神派来的，海神对嬴政派徐市求不死药的事十分不满意，所以才派个力士过来惩罚他。

这个人话刚说完，就有人抢着发表意见说，嬴政本来就暴虐无道，连老天爷都看不顺眼，所以才会派大力神下凡来警告他。如果那个力士单单是个凡人，不可能有能耐在几千个秦军重重包围之下还能逃脱撤退。

张良在他们附近听那些人说得兴起，将他和甘霸刺杀秦王的事情说得神乎其神，觉得很是有趣，现在已经了解甘霸安然脱险了，心中那块悬着的大石头终于落地了，但是张良也没有点破他们。

到了第二天，张良与那几位将好消息带给他的商人们拜别，继续赶路。由于张良本身就长得很俊朗，而且风度翩翩，一路上倒没有受到士兵的留难和盘查。

后来张良到了下邳，找了个落脚的地方，和店里的掌柜攀谈起来。聊了一阵子，张良突然问掌柜的这边是不是有位姓项名伯的人。掌柜的告诉张良说项伯项大官人是这里的名人。张良心中有了大致的了解，问出住址之后，就点菜吃了起来。

不一会儿工夫，外面一阵嘈杂，原来是有几个兵士进入店里说是要搜索刺客，开始逐个盘查起来。

这时查到了张良，士兵的长官见张良彬彬有礼、气宇轩昂，也不敢造次，只轻声地询问姓名。张良随机应变，说自己叫章谅，从大梁来的，来到此地打算拜访项伯大人。但是士兵们仍是要搜查张良随身带的物件，张良灵机一动，给了这些士兵一些碎银子，说是请士兵们喝酒。

士兵的长官只是故作推辞，张良一看就明白了。张良多加了一些银两硬把这些钱往他怀里塞，士兵的长官也不再推辞，欣然收下了。看来，张良在外面闯荡了好几年，这"见人说人话，见鬼说鬼话"的窍门已经练就得炉火纯青了。

后来，项伯见到张良前来拜访，十分激动。两个人寒暄几句之后，张良把搏浪沙锥刺秦王的事详细地跟他说了一遍，项伯自然也是仁人志士，听着这个故事已经沉醉其中了。待到张良讲完之后，项伯很兴奋地夸张良手段高明，同时也因为计划以失败而告终感觉可惜。他还认为，幸好甘霸最后终于还是冲出重围，嬴政虽然下诏搜索刺客十天，只不过是滥杀无辜，给一些贪官污吏制造再次贪污和搜刮的机会罢了。项伯平时跟官府有一些交情，家中也算安全，邀请张良暂时居住在自己家中。空有余恨的张良望天长叹了一声，对刺杀秦王的失败感觉万分可惜，下次嬴政一定会倍加小心，再要寻找机会刺杀秦王，势比登天。

项伯劝慰张良说先暂时避避风头，刺杀之事之后再从长计议。张良认为也只好这样，所以他就在下邳暂时隐居了。

张良拾鞋

时光荏苒，冬去春来。一晃就是几年过去了。

抑郁不得志的张良总会望着苍茫的暮色，缓缓走到下邳圯桥，开始更让人捉摸不透的深思。张良在这段隐居的日子里，会经常一个人到这边，在这黄昏美景之下，追忆过去的日子，寻找未来的出路。

这一天，张良也和平时一样，缓缓地迈着步子走在去往下邳圯桥的路上，心中还在计划着怎么样去进行灭掉秦国兴复韩国的使命，但是这好几年还是找不出最好的办法，越想越迷茫。正在张良觉得心中十分烦躁的时候，突然听到有人在唱歌。在这种地方山间有人唱歌是很正常的事情，所以张良刚开始完全没有在乎这歌词中的深意，等他突然听到歌词中最后几句的时候，感到很震撼。张良循声望去，看到在桥墩上坐着一位黄衣老人，看不出他到底有多大年纪了，只看到他有着一缕白如雪花的胡须，缓缓地在他胸前飘摇着。虽然张良觉得有些惊讶，但是因为心里正细细体味老人刚刚那几句词，所以没加理睬。

这时候，又听得那老人继续铿锵有力地唱下去。

如此悠扬的曲声当中，却夹带着豪迈的气息。听完词后，张良突然联想到了自己，不由得开始回忆之前多年漂泊他乡，心酸艰难，而之后的偶遇仓海君、得到甘霸帮助、博浪沙刺杀秦王而失手，很多事情一幕幕地重现在眼前，勾起了张良心底的呐喊，国仇家恨未报，怎么能够栖息此地！

这时候，突然听到那老人说："那个小伙子，去桥下把我的鞋子捡上来。"张良听到这个老人说话如此没有礼貌，火冒三丈，想过去狠狠揍这老家伙一顿。可是转念一想，这人都这么老了，不可能经得住我的拳脚，或许他不是故意的。而且，揍一个老人和刺杀秦王孰轻孰重，他心里清楚得很。想到这些，张良心里一下子平和了很多，答应了一声，就绕到桥下，把那只布鞋捡了上来，丢在那老先生面前。

那个黄衣老人十分不愉快地说："我说你这个年轻人怎么那么不懂礼貌呢？快过来，给我穿上啊！"

张良这次可真的火大了，他十分气愤，但是，又忍下气来想，他这把年纪了，想必是弯不下腰穿鞋子吧！没办法，我帮他穿上也无所谓了。于是张良蹲了下来，为老人穿上鞋子。

可是谁知道，刚刚把鞋子穿上的老头，竟然膝盖使劲一抖，又把鞋子踢到桥下去了。

不管是谁，气度再好，也会忍不住的，张良也不例外。但是正当张良要发作的时候，却被那老头儿抢先骂了起来："到底有没有诚意？要你替我穿个鞋子，就这么心不甘情不愿的，又把鞋子给丢下桥去，你这年轻人这么没有涵养啊！"

这时候，张良反而不生气了，他觉得这个老人有些古怪，为什么他要如此招惹自己呢？现在张良也不明白，只好暂时先听他的，看他到底在搞什么鬼。所以张良又下桥去把鞋子捡回来，蹲下身子，再帮老人穿上。这黄衣老人故技重施，再次把鞋子踢到桥下，让张良捡回来。

这一次张良还没等到老人破口大骂，就自动到桥下把鞋子给捡了回来，还帮他穿上。张良在替老人穿鞋的时候，害怕他再将鞋子弹出去，就使劲抓着鞋子。可是张良这次又错了，黄衣老人没有再让他去捡鞋。

等老人把鞋穿上，点了点头，站直了身子转头就走，留下张良一个人在桥上发呆。不久，黄衣老人又回来，看见张良还傻站在桥上，走过去拍了拍张良的肩膀说："孺子可教也。你这年轻人不错，记住，五天之后，在天大亮的时候到这儿来等我。"

这个奇怪的老人说完话扭头就走，完全不给张良有任何提问的机会。张良想了半天，还是想不通那个奇怪老人到底是何用意，更不知道他的来历。

于是，张良打算将这很多的疑问等见到那个老

张良拾鞋

人之后，都具体问清楚了。

黄衣老人的点拨

张良左思右想，总觉得是不是有人在跟他开玩笑，但是即使开玩笑，也不会这样，所以他决定去看个究竟。总算是等到了第五天。张良在第五天的一大早，就匆忙赶到桥边，但是此时看到那黄衣老人跟五天前一模一样安静地坐在桥墩上。

张良一见到老人，有些欣喜，心想总算不是别人跟自己开玩笑的。于是他加快步伐走向前去，没想到刚到了桥头，那黄衣老人立刻骂他没有礼貌，跟别人约定了的就要守时。

张良也解释说老人是要他天大亮的时候来见他，而现在天也只不过刚亮。

张良的话还没有说完，老人立刻打断他，说没有守时就是没有守时，不需要辩解，让他回去，五天后再来。

于是，又过了五天，天还没亮，张良赶到桥边，但是那老人又已经比他早到，坐在那儿等他。这次张良再也不辩解了，他还没等黄衣老人开口，就先自责说自己来得太晚，并且承诺五天之后再到这儿来等他。黄衣老人眼中一亮，赞赏地微微点了下头。

转眼到了约会的这一天，张良压根没有睡觉，他半夜爬起来到了桥边，这时候桥上没有见到老人的身影，张良可算舒了一口气，心想这下老人应该不会再度刁难自己了，于是他学着黄衣老人的姿势，在桥头静静地等着他。

没过多久，黄衣老人来了，见到张良早已经在桥上安静地等着，脸上露出满意的笑容，他从怀里掏出一个蓝布包递给张良。

张良鞠躬道谢，接过来打开一看，是一卷厚厚的书，上面写着"太公兵法"四个字。张良抬起头刚要说话，黄衣老人却抢着说让张良将这卷书带回去好好研习，只要他能够参悟其中的一两层道理，行军作战将会再无敌手，甚至可以雄霸天下。

张良欣喜若狂，深深鞠了一躬，请求老人赐教名姓。

黄衣老人轻轻一笑，说自己是黄石公，他告诉张良，其实姓名不能代表什么，最重要的是一个人的人格和行为，就像张良两个字，千百年后如果有一天，有人想起了他，眼前浮现的并不是他的什么样的容貌，而是他一生的所作所为。

张良听完老人刚刚讲的那些话，感触颇深，他低头沉思了很久，黄石公这时候又接着跟他说："张良你要知道，光有勇气是没有用的，想不乘船而渡河的人当然是很勇敢，但是那都只是匹夫之勇！真正的勇气是小事处处忍让，大节坚贞不移。你在博浪沙刺杀秦王，失手之后而隐居下邳，但这还只是小勇。你可以想象，因为你行刺失手，嬴政下诏搜查天下十天，这十天里有多少人为了你张良而冤死的？有多少个家庭因为你的轻举妄动而破碎离散？你说，这到底是救人还是害人呢？"

之前张良总认为博浪沙刺杀事件可以和荆轲刺秦王的事迹比对一下，而且内心难免会有得意之情，但是今天听了黄石公这些话之后，张良突然汗流浃背，对之前的"事迹"开始重新审视，顿时觉得芒刺在背。

张良谦恭素装像

这时候，黄石公看出了他的心思，就又缓和了语气告诉他，纵使他在博浪沙刺死了秦王也不能改变现实，因为死了一个秦始皇，还会有秦始皇二世、三世不断出现，甚至会一个比一个更残暴。黄石公还提醒张良说年轻人立大志、做大事总归是件好事，但是眼光一定要放远，高屋建瓴。

黄石公的这一番话让张良彻底醒悟，茅塞顿开，从这之后，张良彻底从之前为国仇家恨而策划刺杀秦王嬴政的狭隘复仇观点中超脱出来，转而为天下百姓谋福，为太平盛世而牺牲的境界。

这时候黄石公见张良已经幡然领悟，很认同地点了点头，转身而走，边走边激昂地唱着诗词，消失在了苍茫的晨雾之中。

嬴政灭了六国之后，不断使用高压手段来统治天下，人民生活在水深火热之中，像焚书坑儒、铸十二铜人、移豪富之家往京城等等举动，都是以残暴的方式来完成的。所以，天下一些有名的学者和哲人大部分都隐姓埋名，有的成为了荒野隐士为自由而战，有的一生抑郁而不得终。像黄石公正是这类人中的一个典型，他们默默地经营，不畏艰难险阻，不怕吃苦受累，他们希望的是有一天能有一个人振臂一呼，天下都跟着响应，将秦王的暴政灭绝。

张良刺杀秦王之后让这些人能够注意到他是个可锻造的人才，虽然他们不主张像张良那种暗杀斗狠，逞匹夫之勇与英雄主义的作风，因为这么做无法铲除暴政，拯万民于水火之中，反而会造成更多的杀戮。当然，他们也看到了，像张良这种人才，如果能够加以好好指导，将他那种小智、小勇转变成为拯救苍生的大智、大勇，他一定能够担当此大任。所以黄石公才亲自出马，给张良上了一堂人生的课程。

追随刘邦

赵高和胡亥的阴谋

在张良隐居下邳，受到黄石公的指导，潜心研究《太公兵法》的这段时期之内，天下发生了最大的一件事情——秦王嬴政暴毙。

秦始皇自封为始皇帝之后，他希望能够长命百岁，求得长生不死的秘方，他将永远享受自己的权力，永远可以受万人膜拜。所以始皇帝就派徐市出海找寻不死之药，又让卢隐帮他炼制长生丹。始皇帝还自封为真人，隐匿在阿房宫中，不和人接触。

但是，像嬴政这样，四处巡游，镇压百姓，就怕百姓有一天造反。他成天因为这个而操心，自然是活不久了。秦始皇49岁的时候，他再度出巡，由于他心力交瘁，终于在途中病倒了。这时候嬴政才知道那些求仙、采药、炼丹的方士全是骗子。于是始皇帝就把掌管兵符玉玺的赵高叫到面前，告诉他说自己的时日已经不多，命令赵高赶快下一道诏书送给公子扶苏，让他赶到咸阳奔丧。

赵高心中自怀鬼胎，他认为公子扶苏之前为了秦始皇焚书坑儒的事情惹得嬴政气了好一阵子，秦王只是因为旅途劳顿才会生病，只要好好休息一段日子就能复原，所以就不必要再召公子扶苏过来惹秦王再生气。

但是秦始皇毕竟是人之将死，其言也善，他说自己之前也有很多不对的地方，而且公子扶苏性情温和，才能也比较突出，而现在天下太平，正需要他这种人来掌理政务。秦始皇说着说着突然气很不顺，咳嗽了半天，此时精神更加萎靡，他不想再多说什么，让赵高按照刚才说的话去办。始皇帝在外边病入膏肓，自然是很想念咸阳，催促他们赶路，早点回咸阳。

赵高听了秦始皇的那些话，不便再说什么，立刻退出去，传令让士兵们连夜赶路。谁知道不赶路不要紧，这一赶路，秦始皇的病势更为加重，到达沙丘（今河北邢台广宗县）就撒手人寰了。

赵高和李斯见秦始皇已经驾崩，觉得大事不妙，害怕嬴政的死讯如果传出去，不但他那二十几个儿子会为了争夺王位而大打出手，恐怕一些乱民流贼也将乘机而起，这样一来，秦国就算不亡，也会元气大伤。所以他们两个人商议了半天，找到公子胡亥，劝胡亥瞒住秦始皇的死讯。

赵高此时心中开始盘算了，他想，他本来就跟蒙恬、蒙毅兄弟俩结下了很深的仇恨，假如公子扶苏回到了咸阳奔丧，很有可能登上王位，到时候自己就永远没有翻身的日子了。他日思夜想，终于想出了一条毒计，想将公子扶苏和蒙氏兄弟一网打尽。所以赵高在半路上就跟李斯说好让自己先进宫去劝胡亥。

李斯心里也仔细寻味了一番，觉得让赵高去打前锋，对自己来说有利无害。要是公子胡亥不同意，怪罪下来自然由他去顶，于是李斯满口答应了。

赵高到了咸阳，先进去见了胡亥，胡亥也很诧异，询问他什么事情。赵高很谨慎地告诉胡亥说前几天秦始皇病况严重的时候，叫他发了一通玺书，传令公子扶苏回咸阳哭丧，如果公子扶苏赶回咸阳奔丧，就会继承秦始皇的帝位。现在秦始皇驾崩了，赵高觉得发如果发了那封玺书的话，会对公子胡亥有害。

胡亥只是叹了一口气，说父皇既然叫他的哥哥当皇帝，他这做儿子的也没有什么话可以说。赵高见胡亥没有主意，又继续怂恿他说，现在秦始皇驾崩的消息只有他、丞相李斯和赵高自己三个人知道，只要他们都不说出去，根本没有人会知道。

赵高上前一步继续向胡亥施压，他说现在玉玺和赐给公子扶苏的玺玉全在自己手里，怎么样处理，全看胡亥的意思。赵高认为当别人的臣属跟自己做皇帝，差别实在是太大了。

毕竟胡亥不是那种黑心之人，他觉得现在秦始皇刚刚驾崩，作为儿子就立刻违抗诏令，废掉兄长，自立为帝，这样会让天下人都会觉得他不孝不义了。

赵高见胡亥已经心动，就再次鼓吹说如果三个人都不说出去，天下没有人会知道。公子胡亥考虑了半天，最后也就答应下来了。

赵高见胡亥答应下来，立刻退出宫外找丞相李斯。

李斯见赵高出来，询问事情商谈的结果怎么样。赵高说胡亥答应暂时把秦始皇驾崩的消息隐瞒一段时间，不过要他和李斯拥立胡亥登基。李斯十分震惊，他觉得赵高这是在违抗秦始皇的诏命。

赵高胸有成竹地跟李斯解释，现在在公子扶苏的面前，他和李斯都没有蒙恬受器重，如果公子扶苏登上王位，那么李斯的丞相位置也恐怕难以自保了，甚至会被打入大牢问罪。赵高认为，公子胡亥仁慈笃厚，拥立他登基之后，他自会感恩图报。这样一来，李斯不但可以保住大权，而且日后更可以扶摇直上。

李斯听完赵高的话，沉思了很久，才同意了赵高的说法。就这样，赵高、胡亥和李斯三个人合谋伪造了一封赐死公子扶苏和蒙恬的诏书，派人送给公子扶苏他们。

当伪造的诏书到达之后，公子扶苏打开一看，大吃一惊，诏书中说，公子扶苏率了几十万的军队，在边界驻扎了十几年，该进攻的时候不发兵，该退守时却叫士兵拼命，损失了太多的兵将，而且还因为他被贬到边界不得回京城心存怨念，毁谤秦始皇，所以秦皇帝就赐了他一把宝剑，要公子扶苏自裁。而蒙恬因为对公子扶苏没有尽到义务与责任，也应当谢罪自杀。公子扶苏感觉仿佛天地都昏暗了，他不明白自己这十几年来领兵戍边，寇盗都被平息，戍守边疆，怎么会有错呢！

公子扶苏本就生性忠厚善良，看完这诏书之后不禁满面泪光，他觉得既然父皇让自己自裁，那么他不死就是不孝。于是他就接过使者递过来的宝剑，说着就要往脖子上抹去。

蒙恬此时很惊诧，他慌忙握住公子扶苏的手解释说，公子扶苏既然领重兵戍边，担负着天下安危的重任，不可以单凭一封玺书就轻易自杀，而且秦始皇还在沙丘平台养病，状况不明，更不会突然派人送来玺书要他们两个自杀，这样实在是很奇怪，如果死得糊里糊涂那就太可惜了。蒙恬建议再度请示秦始皇，然后再做定夺。

使者眼看事情要败露，只好冷冷嘲讽蒙恬说秦皇身体好得很，他公然诅咒皇帝，还诬赖这封玺书是伪造，是要造反。蒙恬平时最痛恨那些作威作福的小人，现在听他给自己扣上这顶大帽子，更是火冒三丈，抡起拳头就要揍他。

公子扶苏眼见事情要闹大了，慌忙拉住蒙恬不让他动武，使者是奉命行事。公子扶苏长叹一声，说既然父皇要让儿子死，如果再过去请示，只会更加触怒了父皇，这样不孝的罪就更重了，他将剑一横，就自杀了。

蒙恬没有想到公子扶苏动作那么快，他抢救不及，眼见公子扶苏死去，已经忍无可忍，又见到使者面带嘲讽之意，大吼一声，飞起一脚踢中那使者的心窝。使者被这一脚踢得连退四五步，坐倒在地，喷出一大口血。蒙恬大步上前，还想再给他几下将他毙命，但是使者的亲兵眼看情况不妙，立刻拔剑护着使者。蒙恬根本没将他们放在眼里，他不一会工夫就把那几个亲兵打得连连求饶，横竖倒了一地。

蒙恬打算回过头再去找那使者，却早已不见他的踪影。蒙恬仔细搜索了一遍还是没有找到，于是他就匆匆从地上捡起一把单刀走出帐外。但是谁知道正在蒙恬酣畅淋漓地打那些亲兵的时候，那个使者却抱头鼠窜地跑到帐外，找到了裨将王离，传了圣旨。裨将王离就立刻带领一支弓箭手队把公子扶苏的营帐包围住。等到蒙恬出来，王离就只让人放了几支箭提醒一下他，因为他曾受过蒙恬照顾。蒙恬眼见局势已定，只有长叹一声，束手就擒了。秦国的一代勇猛之才就这样在牢狱中度过了余生。

与沛公的相遇

胡亥当上了二世皇帝以后，因为他才智平庸，又不懂体恤百姓，只知道尽情玩乐。而且再加上有赵高和李斯两个奸佞之臣把持朝政，满朝的忠臣几乎都被杀光，朝中人心惶惶。

而胡亥在民间的横征暴敛，跟秦始皇时代比起来有过之而无不及。他一边恢复修建阿房宫，一边又征集五万屯卫兵。宫苑里养着许许多多的狗马禽兽，种植着从各地搜集来的奇花异草，极尽奢侈之能事。

咸阳宫中浪费太多，导致了粮食不足，胡亥就通令各地的老百姓缴纳菽、粟、刍、藁，咸阳城三百里内的农民所收获的粮食，自己不准吃用，一律缴纳给朝廷。更糟糕的是，服役在秦二世的时候特别繁重，征兵戍边，绝大部分的人都是有去无回，搞得百姓家破人亡、哀鸿遍野，人人都被压迫得透不过气来。所以胡亥刚坐上帝位没几个月，就逼得陈胜、吴广在大泽乡（安徽省宿州市南蕲县镇内）揭竿起义了。

张良在下邳听到陈胜起义的消息，心中那灭秦复国的梦想再度被点燃，他暗想，等了这么多年，总算让自己等到能有复国雪耻的机会了。于是张良就在下邳的很多地方活动，希望能在此地也起兵，与陈胜、吴广他们遥相呼应，给秦国重大的打击。但是张良万万没有想到，下邳这地方的百姓大部分都属于逆来顺受、不愿惹事的人，一听说有人要造反，他们就个个畏手畏脚，怕给自己惹上麻烦而落下诛灭九族的大祸。可悲的是张良行动了大半年，竟然只聚集到一百多人，张良觉得，以如此微小的力量去抗击暴秦，只会是以卵击石，自取其辱。

在这个进退不得的时候，又传来消息说陈胜起义兵败。这个打击对于张良来说很大，但是多年的隐居生活已经使得他不再把一时的得失看得太过重要。张良经过一番深思熟虑之后，决定不再独自进行起义活动，他带领着众人投奔到了留城的楚王景驹那里。

张良带领着手下的一百多个人正赶往留城的途中，突然发现前面有敌军入侵。张良马上将众人分为左、右、中三个部分，成为一个弧形阵势，等到前面的秦军一到，立刻和秦军奋力一搏。

谁知道出现在张良他们面前的兵马竟然是一支身着各色各样服装的杂牌军，他们人数虽然不少，但是杂乱无章，一点行军作战的常识都没有，直到走到张良所布好的阵势之前，才忽然发现张良他们正摆好阵势等待他们到来。此时双方一遭遇，那边立刻人叫马嘶，乱成了一锅粥。后来有位看着很像头领的人大声叱喝了几声，才把部队稳了下来。那个头领也列成一个三角锥形的阵式，停留在原地与张良部队对峙。

张良看到这种情况，不仅摇摇头，心想，难怪义军要打败仗了，像这样的军队，充其量只能算是武装流寇而已，怎么能够禁得住训练有素的秦军一击呢？张良正想到这里，听到那名首领大声问道："前面是哪一路的弟兄，想在这儿拦路劫财吗？我是沛县的刘邦，有什么话说在前头，以免伤了和气。"

张良听完之后觉得十分有趣，心想刘邦这人竟然把他们当成拦路抢劫的毛贼了，还放出几句话想吓退他们。张良以前听说过刘邦，说他是流氓出身，今天见了面才知道确实如此了。

因为双方都是起兵抗秦的仁人志士，所以张良也没有太过失礼，自己报了姓名，两人寒暄了一阵子，刘邦就问张良要赶往哪里去，张良说东阳宁君和秦嘉拥立景驹为楚王，留守留城抵抗秦军，他想去依附他们，共谋大事。

刘邦听了张良的话，就摸了摸脑袋，干笑几声说："实在是抱歉！我刚刚还把你们当成打劫的毛贼呢！不过张兄，你刚刚布的那个阵可真是厉害！从远处来看都感到杀气腾腾的，不知道这阵该怎么破呢？说实话兄弟我当时心里吓坏了，幸好你是自己人，要不然我们都要喂了附近的野狗了。"

张良见刘邦性格十分豪迈坦率，刚才轻蔑的心理就瞧不见了，并且逐渐和刘邦越谈越起劲。两人谈论完之后，张良十分诚恳地说自己现在势力单薄，自己愿意追随沛公刘邦出生入死。

刘邦也觉得张良跟自己谈得来，而且此人学识渊博，将来一定能帮助自己，所以也希望能和他并肩作战。刘邦任命张良为厩将（管理马匹的职位），许诺之后如果规模扩大，另有更好的职位。

张良谢过沛公之后，刘邦邀请张良到留城庆祝兄弟之间的相逢。这一路上，刘邦因为看到张良刚才摆的阵形很有霸气，就不停向张良讨教行军作战的良方，而张良则是耐心给他边解释边比画，刘邦觉得张良是个奇才，而且用兵打仗更是天下无敌，佩服得五体投地，心想，真是万幸能够得到一个兵法高手的助手，以后的道路会更加好走了。张良心中也想，他潜伏了这么长时间，潜心研究神奇的兵法，现在总算能遇到一个愿意去听而且听得懂的人，也是十分满意，而且刘邦对他更是言听计从，让张良找到那种得遇明主的感觉，从此他们二人就决心打出一片天地。

两人赶到了留城，还没来得及向楚王景驹借兵回去攻打丰邑，章邯的部队已经从陈州向东北方扫荡，很快就打到萧县了，反秦将领秦嘉连慌忙联合刘邦在萧县西方堵住章邯的

张良画像

攻势，但是被打得惨败，只好再退回留城。

刘邦一看秦嘉自己都是泥菩萨过河——自身难保了，应该不会再借兵给自己回去攻打丰邑了。刘邦听从张良的建议，调头去攻打砀城，经过两天两夜的激战，在张良的出谋划策之下，刘邦终于占领了砀城，俘虏了五六千的军队。接着刘邦在张良的策划之下，在归途中又攻下了下邑，获得了大胜。虽然此行是打算投奔楚王的，但是现在收获也不小，所以刘邦就带着张良回到他的故乡沛县。

此时，项梁的军队正从东南向西北方向进军，抵达下邳和秦嘉的军队发生冲突。原来，秦嘉自从被秦将章邯打败之后，退守留城，决定再招兵买马，养精蓄锐与秦军奋力一搏，项梁在向西北进军的途中经过下邳向秦嘉借道，秦嘉和项梁虽然都是反抗秦军的义军，但各怀鬼胎，只怕项梁的势力从此延伸到下邳，影响自己的势力范围，所以不但不联合项梁来打击章邯，反而在彭城的东方与项梁的部队发生了冲突，

结果秦嘉兵败战死，楚王景驹流亡他方。项梁并吞了秦嘉的军队以后，驻扎在薛地，以薛地作为抗秦的基地。

刘邦早就听说过江东项氏的部队兵强马壮，尤其项梁是楚国名将项燕的儿子，智勇过人，深得民心，早就对项氏一族倾慕很久，可是之前因为依附于楚王景驹，不能自作主张去联络项梁。现在秦嘉军队被吞并，楚王景驹的行踪不明，刘邦一见机会就在眼前，他就与张良、萧何、曹参他们几个人商议，决定率领全军加入项梁的部队。从此，刘邦就属于楚怀王这一系统，由武信君项梁统辖，和项梁的侄子项羽并肩作战，讨伐秦军。

郦食其的功劳

刘邦投靠项梁之后，楚军的势力发展十分迅猛，形成了东楚西秦对峙的局面。另外，当时被秦始皇灭掉的六国遗臣，也都开始恢复国号，像周市拥立的魏国，张耳、陈余拥立的赵国，韩广自立的燕国，都在此时慢慢地出现而且巩固了。

张良眼见着天下的局面又要变成秦国吞并六国之前的那样各自为政了，心中为天下的未来十分担心。张良心想，每个国都有每个国的兵力和势力范围，但是沛公（刘邦）总是追随着项梁，自己此时一点实力都没有，虽然项梁的实力是最强的，但是就是将来为他打出了天下，最多沛公只能封个公侯罢了，所以现在再怎么努力，也不可能超过项梁。而且在权力争夺中还会有很多的变故，沛公随时还有遭到杀害的可能。应该要替沛公争到一席之地，与诸侯王鼎立而不受项梁的节制，或者是等到时机来临，将项梁取而代之。但是说起来简单做起来难，该怎么去做呢？张良想了很久，突然想到了一条妙计，于是就立即进帐去找项梁。

项梁平时与张良没怎么见过面，但是知道张良这人谋略惊人，是天下奇才，而且是刘邦的心腹，想找机会将张良拉拢过来。这时见张良自己找过来，心中觉得蹊跷，就很有礼节地寒暄一番，询问前来拜见的缘由。

张良说明了前来的目的，说自己本来是韩国贵族后裔，此时见到楚、齐、燕、赵、魏等国都已经开始了恢复国号，只有韩国到现在还没个影子，心里十分伤心，所以想请项梁在韩国的后裔中挑选一个人做韩王，不但可以号召韩国的遗民增加抗秦的有生力量，而且韩王必定感激项梁扶立的大恩，绝对会对他言听计从。

项梁听完之后，觉得张良的想法很有道理。就考虑了一会儿，询问张良在韩王的后裔里可以挑选哪一个有能力的可以胜任这个位置。

张良认为韩国的公子韩成生性淳朴敦厚，而且很有威望，可以由他来当韩王。项梁本就打算拉拢张良，正好借此机会卖个人情给他，就一口答应了，而且决定让他负责找出韩成，筹划韩国复国的事宜，等到韩建国之后，派张良当韩国的司徒。

没想到项梁立刻答应下来，张良欣喜万分，就即刻与刘邦分别，辅佐韩成，带领着项梁送给他的军队和秦军打游击战。与此同时，张良在暗地里积极地培养刘邦的私人武力。项梁本以为自己卖的这个人情还不错，现在张良为自己赴汤蹈火，所以他感觉很欣慰，殊不知他却在潜移默化中助长了刘邦的声势。

就在张良在颍川打游击战的这段时间里，项梁由于自视过高，在定陶打了生平唯一的一次败仗。项梁这唯一的败仗却把他的生命都交出去了，他死在秦将章邯的手里。项梁本来是掌握半壁江山的领导人物，他的牺牲震惊了大江南北，义军都失去了方向感，有一种群龙无首的感觉。

而在这时，项羽和刘邦正兵围外黄，听到这个噩耗，急忙连夜撤兵。章邯因为打败并杀死了楚国最大的统领项梁，意气风发，得意之情满溢，所以他根本不把项羽、刘邦放在眼里，更没有乘胜追击，反而将部队调往北方去攻打赵国，因此楚军才会有休养生息、整顿改编的机会，要不是这样，恐怕楚军会在章邯的追击之下全部被歼灭。

项梁死了之后，楚怀王召来属下的战将，共商进军的大事。就在大家为进军和布阵争论得面红耳赤之时，刚刚被楚怀王任命为上将军的宋义则认为，此时该争论的不是进攻的方法，而是先确定目标。秦军目前的实力依旧强盛，自家部队刚刚失去了大将项梁，民心士气受到很大的打击，唯有先攻下一个秦国的要地，争取老百姓的向心力，才有希望打垮秦军。大家听了之后都觉得他说得十分在理，就又开始发表一些自己的见解，认为攻打哪一个城池比较好。这时候，突然有人说要先攻打咸阳，大家听了之后都嘲笑这个人没有脑子。但是这个点子却触动了宋义的灵感，觉得攻打咸阳未必不是个好办法，打蛇打七寸，如果正中要害，怕是连命都没了。而灭掉秦军最好的办法就是攻打他们的老巢咸阳，所以他低声和楚怀王商量了很长时间，楚怀王宣布攻打咸阳。这时候，大家才明白了要攻打咸阳的用意，只是咸阳是最不好对付的城池，要想拿下实在是不容易。楚怀王宣布说谁先打入关中攻下咸阳，谁就在关中做秦王。

这句话一出，立刻就有两个人站出来说要带兵攻打咸阳。楚怀王一看，原来是刘邦和项羽两个人。不可能两个人同时去，但是这两个人又不知道挑谁好，所以犯了愁。有人说项羽不适合当这次的将领。项羽勃然大怒，他认为冲锋陷阵，行军作战，没有一个人比得上他。

但是那人却认为项羽在攻打襄城的时候，把所有的秦军坑杀，攻打城阳的时候，又几乎把全城男女老幼都屠尽，而这次攻打关中的目的是在收服人心，像项羽这样攻下一城杀一城，民心又怎么能够收服得了呢？项羽面对这种质问，也一时回答不上来，没有办法，只好叹了口气转身回去了。楚怀王听完这个说辞之后，只能派刘邦做西征的统帅了。

项羽没有当成统帅，自认为败了一阵，气得浑身发抖，但是因为自己的实力还很弱小，如果自己违抗王命，与其他将领闹不和，绝对会吃大亏，所以项羽忍下了刚才的愤怒，依照命令行事。

刘邦自打接受重任之后，马上带领参谋萧何、曹参，大将夏侯婴、樊哙、周勃等人，从彭城出发，西向关中，打算采取大迂回战略，南绕南阳，然后折向西北，攻取秦岭的要塞武关，然后俯冲咸阳。计策商定之后，刘邦带领着人马迅速地出了薛地。

在行军的路上，途经昌邑的时候，原本在山野以打鱼为生的彭越带领了一千多人赶来投奔，刘邦就将两股势力合在一起，进攻昌邑县城。

昌邑城兵源充足、粮食丰沛，刘邦久攻不下，于是改变计划，绕道高阳，继续西进。在途经高阳的时候，有个士兵向刘邦请假往高阳探亲，回来时却带了一位六十多岁的老人一起前来拜见刘邦。当他们两个人到了大营进入内帐的时候，看到刘邦坐在床上，有两名侍女正在替他洗脚。

刘邦见他带了一个老人家过来，告诉他说他们是要上前线拼命打仗的，这位老人估计连把单刀都握不住，如果让他当个火头军，他连杀只鸡都成问题。部队不是那种能够颐养天年的地方，让士兵把他带走尽早离开。

那位士兵还未开口，只听那老者冷冷地说："你刘大将军到底是和诸侯共图破秦呢？还是帮助暴秦来消灭诸侯呢？"

刘邦听完之后登时跳起来，把洗脚盆都掀翻了，张口就大骂："你这老不死的东西胡说些什么？天下人受暴秦欺凌，每个人都恨不得立刻将秦国推翻。你却来问我是不是助秦灭诸侯，你简直是个疯子！"

那位老者却也不激动，仍旧是冷冷地说："既然你想聚集义兵诛伐无道，为什么对待长者这般无礼？文王礼遇姜尚，而奠定了周朝八百年的基业；纣王将比干挖心、放逐，而使基业毁于一旦。现在我听到将军有贤德，特来投效，想助你铲除暴政，立稳根基，却不料你竟如此傲慢无礼，实在令人感到心寒！如果天下人知义军都像你这样子，那么该怎么办？更不用说人心所向了！所以我问你，你这么做是助秦还是抗秦呢？"

刘邦听完之后汗流浃背，急忙重整衣冠，端正仪容，将老人请入上座，连声说："对不起，我太粗莽，请先生原谅。"并请教了老人的姓名，原来这人叫郦食其。郦食其学识渊博，口才十分出众，早已闻名于世，但是刘邦却以貌取人，而且从来没有和他见过面，才有刚刚那种尴尬的局面出现。

刘邦设下酒宴款待郦食其。酒宴席上，郦食其谈论曾经六国的成败得失，又为刘邦分析当前的天下大势，让刘邦先取四通八达、居天下要街的陈留（今河南陈留镇），以便充实军粮，免除后勤补给的困难，然后扩充人马，补给兵力，用来巩固自己的实力。后来刘邦与他定下了计策，先由郦食其去游说陈留县令，如果不能成功，就再兴兵攻城。

这是郦食其从刘邦那里接的第一个任务，他有心要好好表现一番。离开刘邦之后，他赶到陈留。本来陈留县令和郦食很是要好，见到他突然造访，惊喜之余，吩咐下人置办酒宴来款待他，两人吃喝了一阵，郦食其才说明来意，有要事和他商量。他首先询问陈留县令对刘邦的印象，哪知道县令认为他是只叛贼，没什么德行，而后郦食其夸赞刘邦说他在半路上听老百姓说他仁义、忠厚，但是县令还是完全不屑一顾，认为这只是一些流言，应该是刘邦为了要抬高自己的身价，故意放出的话。

　　郦食其见县令对刘邦的印象非常不好，要他投降刘邦似乎不太可能，可是又不甘心轻言放弃，因此，隔了一会儿，又告诉他说，刘邦大兵正布防在高阳附近，万一他发兵攻打陈留，大家都不好办。县令更是气愤，还责怪郦食其没有立场，而且放话说，就算刘邦真的来了，陈留县粮草充足，兵力又强，一定能够把他打得落花流水，铩羽而归。县令还说刘邦起兵作乱，万恶不赦，把他斩杀然后送到咸阳去，还能帮自己升迁。

　　郦食其见话不投机，也没有心思久留，匆匆地告辞了。当他出了城门之后越想越气，觉得那县令不识时务，而且自己曾经在刘邦面前夸下海口，如果这样的事都没办成，以后就会被刘邦小看。仔细想了一会儿，他想出来一个妙计，他决定仍然留在城内，一边聚集一些早就不满暴秦的志士，一边派人和刘邦取得联系，要他悄悄地移师到陈留城外，自己则在这段时日里积极筹划攻城的事情，打算一举拿下陈留。

等计划想好了，郦食其就开始行动了。在一天夜里，他派四批人悄悄赶到陈留县城的四个城门附近。守卫的士兵们因为很久没有打仗，而且陈留地势险峻、易守难攻，所以防备十分松散，平时站岗的哨兵经常三五成群地聚集在一处赌博、聊天，他们除了派个人放哨之外，其余的人都在岗哨兴高采烈地喝酒、赌博，所以当那四批人悄悄赶到哨所附近时，根本就没人发现。

突然，放哨的四个士兵几乎同时脖子被人一勒，当时就断了气。解决了放哨的人，四批人又前往四个哨所里把里面的几个哨兵全都解决掉，然后悄无声息地推开了城门，向刘邦发信号。就这样，刘邦大军兵不血刃地占领了陈留县。

这次攻陷陈留城，郦食其功劳不小，刘邦为了感谢他，就封他为广野君，而且任用他的弟弟郦商为将军，领兵攻打开封（今河南开封）。

计定宛城与丹水

一天，刘邦大军正在行进过程中，搜索警戒的士兵突然报告说有秦国大军驻扎在前方十里的谷地中，人员兵马都远超过刘邦的部队。刘邦听了之后不知道是该进攻还是绕道而行。如果绕道而行，还得走很多的冤枉路，而且如果遇到敌人不战而退，这样会影响士气。如果选择进攻敌军，自己的力量过于弱小，只怕这样会让自己实力减弱。刘邦犹豫不决，觉得选哪个都很纠结，不过最终他还是决定前去攻击敌人。

刘邦将部队兵分四路，一路远远绕过秦军后方，准备随时切断秦军的补给线，并截住秦军撤退的后路。其他三路分成三支，左右夹击，中路迎头冲击敌军。待到阵势布好之后，刘邦一声令下，顿时万箭齐发，那些秦军还正在搭灶做饭，当刘邦的部队从四面八方冲过来的时候，杀声震天，突如其来的冲击让秦军立刻震惊了，秦军大部分士兵都手足无措，各自逃命，连一点招架之力也没有，一会儿工夫已经尸横遍野，血流成河，秦军到处人心惶惶，纷纷夺路四处奔逃。

刘邦看到这种情形，更是有了信心，他让士兵大声喊叫，又让号兵鼓手频繁地吹打，秦军听到这种声音之后，个个吓得魂不附体。秦军的将领杨熊举着兵器大声阻止逃兵，但是没有人肯听他的了。杨熊情急之下斩杀了几名逃兵，仍旧制止不了兵败的颓势，眼见兵士们死的死、逃的逃，后来杨熊本人也打算逃走的时候，一支流箭射中了他的脑袋。秦军的主将战死，军队更是群龙无首，慌乱中死伤极多，有些秦军终于冲出重围，还没来得及喘气，忽然战鼓四起，四面八方又冲出刘邦的部队，他们没有了退路，只好都抛下武器，束手就擒了。

这次战役刘邦打得十分干净利落，赢得酣畅淋漓，秦军部将杨熊被杀，而且部队全部被歼，刘邦的士兵们也由此声势更壮，士气更高。刘邦大败杨熊之后，又乘胜追击，一鼓作气攻取了颍阳，与张良会合。

张良自从从项梁那里得到一支军队之后，就受命为司徒辅佐韩王成在韩地驻扎，牵制秦国的武力，让秦军没有办法全力还击义军。但是由于兵力十分薄弱，虽然攻克了几座小城，但却没有持久的力量，过不了几天再度被秦军夺回。

张良原本打算一方面为刘邦培植基本的武力，同时还能牵制秦军，减轻刘邦西进的阻力。所以，尽管自己处于劣势，但是他仍然运用极少的军力和熟悉的地形，采取迂回的游击战术，和遇强就避、遇弱就攻的战略。因为张良所属的军队与百姓结合得很紧密，所以即使突然失利，他们也能得到掩护。而秦军却消耗了十万的军力深陷在韩地的泥潭之中。

张良早就有了打算，他认为韩王成虽然不是一般人，但他也只是才智稍微出色，跟明君的距离差得太远，最近听说刘邦声势不断扩张，能够和秦军抗衡，所以当刘邦的部队经过韩地的时候，张良立刻带领部队前来迎接刘邦。

之前张良在刘邦身边之时，刘邦只是觉得他用计如神，但不是很重视他。但是到了后来张良去了韩地，刘邦虽然打了几次胜仗，却始终觉得不能得心应手。虽然身边有萧何、曹参、郦食其等谋士频繁献计献策，但是，没有一个人像张良那样能在事先将各种状况全部考虑周到，还能够能分析利弊得失，让刘邦能很快地作出最佳决策。当经过韩地的时候，刘邦本来打算前去召张良回到自己部下。没想到张良竟然过来迎接，实在让他感到很欣喜。

为了补偿韩王，刘邦特地为韩王夺取了十几个城池，使韩王得以稳固，直到将韩王定都阳翟（韩国都城，属今河南禹州）之后，刘邦才带着张良进攻南阳郡。

南阳郡守叫焦骑，他早就听说刘邦军队精锐，接二连三地攻占了秦国的数十个城池。盘算着如果刘邦乘胜而来，军队士气定当不减，不能轻举妄动，于是他就退守宛城（今河南南阳），想借着宛城坚固的防御与刘邦拼死一搏。

刘邦看到宛城防守十分坚固，地势还很险峻，如想把这座城攻下十分困难。所以他找来张良发表自己的看法。刘邦认为秦将焦骑退守宛城，凭着坚固的防御与他们作战，如要强攻，损失会很惨重。不如暂且越过宛城不管，继续向西进兵，等到四周城池都攻占之后，宛城势成孤立，就无法独立与刘邦军对抗，到时候可以不费一兵一卒将宛城占领。

张良安静地听完刘邦刚才的战略，没有反对也没有赞成，他在地上捡了几块小石头，摆成一条直线，不紧不慢地告诉刘邦，此去关中还有大大小小好几个关卡，每一个关卡都驻有重兵，由于此地距咸阳已经很近，所以守城的都是秦国最精锐的部队。宛城是个大郡，方圆数十里地之间有数十个城市，人口大多数十万，粮草充足，虽然焦骑退守宛城，但是他还有战斗的能力。如果军队继续向西进攻而留下宛城在后边，前面的秦军死命防守，而后面的焦骑在后面截击，到时候军队腹背受敌，形势必然会很糟糕。

　　刘邦听完之后出了一身冷汗,赶快询问攻破宛城的妙方。

　　张良认为,兵贵神速,不妨发出奇兵,连夜出兵将宛城重重困住,首先孤立它,断绝它的外援,造成守将精神上的压力,然后再就形势善加运用,趁机攻破。

　　于是,刘邦采纳了张良的建议,把宛城重重包围,而且日夜攻城,使得宛城的军民心里慌乱。南阳郡守焦骑一看情形不对,立刻召来门客陈恢商议对策。陈恢认为宛城的失守只是迟早的问题,此时反贼四起,天下大乱,秦军自顾不暇,如果盼望援军前来解围,希望不大,陈恢劝焦骑及时自作打算。焦骑觉得秦国的军令如山,守城的将帅要与城池共存亡,失城只有一死。即使冒险突围而出,仍免不了落个失职之罪,最后还是一死。依目前的情势看来,坚守城池也只不过苟且个两三天,终究难保一命,所以焦骑打算自刎谢罪,免得城破以后,让贼寇辱没了自己的名节。正当焦骑要拔剑自刎的时候,陈恢连忙上前拉住他的手,严肃地告诉他说:“如果您以死殉国,自刎以报皇上,节义实在是感人。但是您有没有想过,当今的圣上是什么样的人?是否值得我们为他效死?二世皇帝登基以来,横征暴敛,弄得民不聊生,苦不堪言!因此才有陈胜、吴广在大泽揭竿起义,项梁、项羽、刘邦随之继起,六国纷纷复立,您看在这情势危急的当头,二世皇帝却为了李斯、赵高之间的权力纷争,为赵高做刽子手,造成宫廷内的动荡,而赵高更玩弄政权使天下数百万的百姓颠沛流离,无安身之地。像这样一个天怒人怨的暴君,诛之犹恐不及，又怎么值得您为他尽忠效死呢？"

焦骑也向陈恢诉苦，说他怎么能不知道秦王的暴虐无道呢，只是现在他身为秦将，刘邦入城必定处置自己，如果弃城而逃回到咸阳还是一死，同样是死，没有什么好留恋的了。

陈恢觉得焦骑说得未免有些偏激，事情并不是像他所想象的那么严重。他听说刘邦是个仁厚的长者，而刘邦的目的只在于诛杀二世皇帝和赵高那班首恶之徒，至于宛城只不过是秦国的一个城池，而他也只是秦国的一个郡守，刘邦不会滥杀无辜，他攻城的目的只是要他屈服而已，绝不可能杀他的。陈恢还说，他听说刘邦一路上打着义师的旗号，曾经许诺只要投诚就既往不咎，所以他才能一路西向伐秦，大小会战几十次，兵力非但没有损耗，反而越聚越多，越战越盛。陈恢认为如果焦骑能够借此机会投降刘邦，与义师共伐暴秦，刘邦应该会很欢迎的。

焦骑听了觉得陈恢说的话很对，再也没有轻生的意思，就询问陈恢派谁去请降。陈恢请命担当此重任。

刘邦听到陈恢是过来投降的，十分激动，就设宴好好地招待了他，而宛城也就和平地加入了义军的阵营。刘邦收取了宛城之后立即挥兵西下，由于宛城的投降，许多城池的守将也步其后尘，纷纷不战而降，此后连下了几座城池，战争可谓十分顺利。

后来，刘邦的大军到了丹水，守将王陵负隅顽抗，双方一直处于对峙局面，刘邦心急如焚，又找到张良问计。

张良认为王陵这个人骁勇善战，而且用兵得当，如果强行攻坚，就算攻下了，刘邦军队的伤亡也必定少不了，可以一面围城，一面派人游说，先使他们内部产生混乱，再趁机攻下城池。而且，张良认为今天晚上没有月光，是偷袭的最好时机，王陵很可能会前来夜袭。

于是这天夜晚，刘邦把部队都妥善安排好给王陵来个将计就计。不一会儿的工夫，王陵果然来偷袭了。当王陵的军队顺利掩杀到刘邦的帐外，庆幸刘邦晚上没有设防，他们立刻冲进大营，只见营内空无一人，王陵才发现中计，于是赶忙撤军，不过已经太晚了。在帐外的草丛中突然开始放乱箭，刘邦的军队冲了出来，将王陵部队团团围住，杀声震天。

王陵纵横沙场数十年，经验十分丰富，情急之下他还能镇定自若地指挥队伍，带领部队从围困的刘邦大军中冲出一个缺口，虽然损失了一些人马，但是还是让大部队安全地撤退了。

等到王陵的部队在撤退的时候，刘邦向王陵叫嚣，说他千算万算，却没有得逞。王陵听完之后十分恼怒，没等刘邦话说完，就朝刘邦射了一箭，正射中刘邦的左臂。

刘邦结结实实地挨了这一箭，但是他为了不影响军心，就忍着痛还是直直地坐在马上，挖苦王陵连箭都射不准，更没有资格与他对阵。王陵看到那支箭明明已经射中了刘邦，而且劲道十足，而刘邦竟然一点事没有，越想越懊恼，万般无奈之下只好调转马头逃走，临走之前，瞥了一眼刘邦，看看他到底有没有事，但是刘邦仍旧是悠闲自得的神态，于是王陵立刻快马加鞭，落荒而去。

等到王陵远去之后，刘邦再也支持不住，两侧的参将将他搀扶到营帐内敷药疗伤。张良进来拜见刘邦并且还恭喜他。刘邦此时正是痛苦至极，只好龇牙咧嘴地问他自己都这样了，有什么好恭喜的。

原来，张良恭喜的是刘邦能够拿下丹水，刘邦更是疑惑，不知道为什么张良会这么说。

见到张良十分怀疑，他就笑着拍拍胸脯说，如果刘邦要是不信，就请他立刻派个人到王陵那边约降试试。刘邦仍旧是不信的样子。

张良只好向刘邦解释说，秦国的法律本来就十分严酷，守将们不敢轻犯，但是心中都知道秦王暴虐祸害人间，本来在平时的时候去游说他们都会有五成的把握，但是今天晚上的这个下马威，更是让王陵惊慌失措，军心动摇了，这样一来，一定能够成功了，而丹水也就如探囊取物了。

刘邦觉得张良说得玄之又玄，不过还是打算派个人过去试上一试。

王陵刚刚逃回了城中，还没坐稳，就听到消息说有刘邦派使者过来求见。王陵斥责使者不该来到这里。

但是使者淡然一笑，说此次前来有两件事：一是代刘邦向他问好，二是特地要为王陵寻个前程。王陵对使者的话十分不屑，而且认为两军对峙没有什么问好不好的，他自己的前程定当是由自己把握。

那使者近前一步，向王陵分析形势。那使者说，目前刘邦与王陵双方虽然是处于对立的态势，可是刘邦说他久闻王陵的大名，对他倾慕很久了，而且，希望终有一天能够与他化敌为友，并肩作战。刘邦也担心王陵因为一时的迷惑，丧失了自己美好的前途。那使者说着，又从怀里取出一张地图，放在王陵面前让他看看对阵形势图，丹水已经完全被刘邦的部队围住，与外界无法声息相通，而且刘邦的军力是丹水守军的十倍，可是刘邦不强行攻城，只是重重围住而已，是因为刘邦对王陵十分珍惜，不希望他在战斗中有所损伤。

那使者见到王陵心动了，立刻接着对他进行攻心之计。使者说他这两天总听到刘邦说王陵将军是个人才，竟然只是在暴秦的麾下做一个小小的丹水城守将，秦二世太不懂得用人了，而且又听刘邦说如果强行攻城虽然有十成的把握，但是难免会折损了王陵这样的将才,后来部将们多次请命攻城，但是刘邦一直都没有同意，所以战事才拖到了今天。

王陵越听越心动，但是他还是不太相信刘邦能够甘冒动摇军心的危险，在部下面前盛赞敌将，就借刚刚那一箭之仇来询问使者。

使者早就料到他会问这个，他说刘邦之前也是在外面闯荡，他生平最佩服的就是宁死不屈的英雄好汉。两军交战，必有伤亡，如果总是记仇的话，之前投降的秦军秦将，估计早就死无葬身之地了。刘邦之所以会举兵起义，为的就是要拯救天下黎民苍生，诛除暴虐的秦王和赵高，如果总是对降将没有宽容之心，那跟秦皇的暴虐没有什么分别。末了，使者让王陵不必为那一箭之仇而担心。使者还说，今晚秦军的夜袭，早在刘邦的算计之中，既然如此，刘邦让他全身而退也是早打算好的。

说到了夜袭，王陵也就把刚刚扑空时候的情景回味了一番，觉得夜袭之事必定早在他们预料之中，虽然自己全身而退可能不是刘邦的意思，但是刘邦帐下一定有用兵如神的谋士，就是他现在不投降，也不能确保他以后就不会战败，而且战败只有一死，与其这样，不如现在就与刘邦同盟，共同讨伐秦国暴君。

想到这，王陵就向使者说自己愿意追随刘邦，一起抗击暴秦。就这样，在张良的筹划之下，刘邦又不费吹灰之力取得了丹水。

随后，刘邦的大军继续向西高歌猛进，攻克了更多城池，大部分城池都不战而降。在行军之时，刘邦就下令，军队绝对不能骚扰百姓，所以刘邦大军所到之处，都深得百姓的爱戴。

秦朝的灭亡

就在秦二世皇帝三年的八月初，刘邦又不费一兵一卒占领了武关（今陕西丹凤县西），而这却促使秦国的内部发生一场历史性的政变。

原来，赵高自从受到秦二世的重用之后，把李斯视为肉中刺，眼中钉，所以他又用毒计将李斯除掉。赵高除掉了李斯以后，此时是一人之下，万人之上，他终于可以为所欲为，所以就一直欺上瞒下，将秦国搞得国不像国。赵高这种人，贪婪之心永远不会得到满足，因为他现在更进一步，想要篡夺王位，坐坐皇帝的龙椅。但是，毕竟他还是害怕有些宗室大臣会对此不服，于是又处心积虑地想出了一个毒计。

一天早朝的时候，赵高牵着一只梅花鹿上殿，向胡亥报告他在北山捕获了一匹神马，听说这种神马出现，将为帝王带来吉祥，同时代表国运更为昌隆。所以他特地牵来献给胡亥。

胡亥找了半天也找不到所谓的神马，就问赵高在哪里。赵高指着面前的梅花鹿说这就是神马。

胡亥认为赵高这是政务繁忙，给弄糊涂了，那明明是梅花鹿，不会是神马。

赵高却一口咬定面前的就是神马，赵高认为是胡亥操劳国事，身体欠佳，所以分辨不清。赵高还说如果胡亥不信的话，可以叫大臣们说说看，到底是鹿还是马。因为满朝大臣都知道赵高是胡亥身边红人，没人敢惹，也就不出声。后来赵高又想出一个办法，告诉那些大臣说，认为马的站到左边去，以为是鹿的就站在右边。由他自己先开始，认为是马的就跟着他站左边。此时一群平日里总想巴结赵高的那些大臣就立刻跟着走到左边，有几个大臣略迟疑了一下，可是为了保住老命，只好无可奈何地跟着走了过去，只有三个耿直不屈的老臣站在右边。

赵高看到后心里十分生气，但是由于胡亥在场，却又不便发作，脸上仍然挂着一副好笑，说左边有三十多位，而右边只有三位，这应该就是神马了。胡亥本来就智力平平，他让赵高这么一搅也弄糊涂了，觉得自己是老眼昏花了，就匆匆下朝去休息了。

赵高送走了胡亥，立刻露出狰狞的面目，指着那三个耿介的老臣说："你们三个糟老头只会一味地拍马，指马为鹿，欺君犯上，国家要你们这些马屁精有什么用？"

"我呸！你这个国家的蛀虫，明明是你指鹿为马，黑白不分，这才是真正的欺君犯上！"

赵高气得直跳,他说:"还敢狡辩！三十多个人都说是马，只有你们三个人硬说是鹿，谁是谁非清楚得很，你们还强辩什么？欺君之罪，罪该斩首，来人，把他们推出去斩了！"

就这样，赵高铲除了异己，这下完全放心了，现在朝中没有人敢当面质问和违背自己的意愿了。赵高听说刘邦和项羽二人已经把关东之地都差不多占据完了，又怕胡亥知道事情怪罪自己，就装病连着几天都没去参加早朝。

就这样过了几天，胡亥忽然想到关东的贼寇到现在还没有剿灭，十分不高兴，派人去责问赵高。赵高十分害怕，他以为六国复立还有秦将离叛的事情已经全被胡亥得知，于是派人找来弟弟赵成、女婿阎乐，说他几次规劝胡亥，要他改革弊政，他总是不听，结果搞得天怒人怨，叛贼四起。现在眼看局势不可收拾，竟然又想把这个烂摊子往我赵高身上揽，让他们想想对策。

女婿阎乐让赵高不用担忧，他身为咸阳令，真要有什么风吹草动，凭着他手下的兵力，绝不会让赵高受到半点损伤。但是赵高担心胡亥宣他进宫就地用刑，还是会死路一条。阎乐认为与其坐以待毙，不如先行将胡亥给翦除掉，拥立子婴继位，这样一来谁都不会讲话了。然后过一段时日再把子婴除掉，让赵高自己当皇帝。

于是，三人将计策安排妥当之后，阎乐就先把母亲藏起来，然后带了一千多名亲兵到望夷门，一声令下，绑起了卫令仆射。

卫令仆射顿时惊慌，不知道什么情况。阎乐说有贼盗逃到这里他却不阻止，显而易见，他是和贼人私通。卫令仆射更是吃惊了，他说望夷宫素来平静无事，又都有人巡守，不会有贼人。阎乐认为他是在狡辩，因为贼盗到阎乐家去绑走了他的母亲，所以他带兵一路追赶过来，到了这儿却不见贼人踪迹，如果不是仆射和贼盗私通放他进宫的话，不可能不见人影。

于是，阎乐杀了卫令仆射，就带兵直入，一路上有些走避不及的部将、宦官，不是被乱箭射死，就是被阎乐身边的兵将斩杀。

到了宫中，胡亥立即质问阎乐带兵前来的用意。阎乐也不答话，一箭射中胡亥的坐帏。

胡亥连下了好几声命令却没有人应声前来，惊慌之下，胡亥却也忘了躲入寝宫，只是呆呆伫立在那儿，脸色惨白。

阎乐指责胡亥骄恣纵欲，诛杀宗室，暴虐无道，惹得天下的人都起来反抗，胡亥请求让他去见赵高一面，但是阎乐哪里肯让他去见赵高。胡亥利诱他，说平日待他不薄，让阎乐放他一条生路，他愿意放弃帝位，让位给阎乐。阎乐更是以他作恶多端，害尽了天下百姓为理由，说自己奉丞相赵高的命令来为国除害。

胡亥眼见难逃一死，无奈之下只好请求阎乐给他一杯毒酒，让他留个全尸。阎乐终于答应了他这个请求，让胡亥与他的哥哥扶苏一样，死于毒酒之下。

胡亥一死，赵高立刻召集王公大臣集合到丞相府，宣布说：他是为了平息天下黎民的怒怨，也为了保全秦国的宗庙社稷，所以冒天下之大不韪，诛杀了二世皇胡亥。胡亥既然已经死了，秦国却不能一日无君，所以赵高想拥立胡亥的侄儿子婴为秦王。谁都知道，朝中的大权早就落在赵高的手里，胡亥只不过是挂名的傀儡皇帝，现在赵高杀胡亥立子婴，众人即使不服也不敢说出口来。

这一切似乎都已经在赵高的算计之中，而且比想象中更加顺利。等到众人离去，赵高不由得手舞足蹈，做起皇帝的美梦来了。但是他怎么也不会想到，就在他得意忘形的时候，一件出乎意料的事情发生了。

公子子婴早已知道了赵高的狼子野心，于是偷偷地找来两个儿子商量对策，说这次赵高派阎乐到望夷宫杀了二世皇帝，为了怕别人以弑君的名义除掉他，所以才明目张胆地宣布二世皇帝的罪状，说是为天下百姓请命，而且拿他做挡箭牌，要他即位。而且子婴早就知道赵高和楚军谈好了条件，准备杀尽秦国的皇室，而让他在关中称帝。所以子婴认为他明天如果去宗庙去接玉玺，恐怕是凶多吉少。所以他决定打算装病不去，赵高一定会派人来催，而让他的儿子就说他病重躺在床上，没有办法行庙见之礼。赵高听了一定会亲自来看个究竟，到时候，三个人就合力把他杀了，再下诏诛除赵成和阎乐他们几个残党。

到了第二天，赵高果然中计，亲自赶过来见子婴，说那些王公大臣们都在庙里恭候，赵高希望子婴忍耐一下，去行个礼，也耽搁不了多少时间。子婴装作很无力地躺在床上，用手掩着胸口佯装痛苦，说自己浑身冒汗，四肢发软，一点力气都没有，请赵高过去扶他一把。赵高哪里会想到这会是一个陷阱，只是很不耐烦地过去打算扶他。

突然，一把利剑直刺入赵高的心窝，赵高瞪大了眼睛，额头直冒冷汗，连话都没来得及说，就死在子婴的身上。赵高的女婿阎乐在旁边看到了岳父已经被杀，早吓得连滚带爬想要逃走，子婴的两个儿子一把将他揪住，把他当场砍死。

自从子婴登基之后，他为了挽救秦国的劣势，就派将军商奉到峣关（今陕西蓝田县东南）坚守。而此时，刘邦的军队也正好到了峣关。

刘邦打算强攻，先派两万人打先锋，试试秦军的实力如何，如果顺利的话，一举破关，就能直攻咸阳了。但是张良认为这场硬仗打下来，伤亡必定很大，到时候即使能入关，那么就没有力量再去对付虎视眈眈的项羽和其他的诸侯了。所以张良劝刘邦说，秦国内部虽然刚经过一场内乱，但是秦国的根基没有动摇，子婴是秦始皇的后人，可以说是名正言顺，要想硬攻强取，只怕不是那么容易，而且张良听说峣关新来的守将商奉，父亲是个屠夫，爱财如命，劝刘邦派一个能言善辩的人，带着金银财宝去劝他投降，同时，再派人在峣关城外扎营，周围多插些旗子，多点燃一些烟火，让商奉心理上有所畏惧。如此双管齐下，商奉可能就会投降了。于是，刘邦就按照张良的计划派郦食其前往峣关劝降。

秦将商奉见到刘邦派人前来，就问是不是刘邦派来投降的，郦食其也顺着他说刘邦见到他英明神武，十分畏惧，过来打算请求投降。

"虎父无犬子"，商奉的父亲爱财，他的儿子当然也是喜欢钱了。他询问刘邦能开出一些什么条件。郦食其心中对他极为嘲讽，但是表面上仍然是和颜悦色，说沛公让他带了明珠一斛，黄金百镒送给商奉。商奉见到了这份厚礼，神色马上和缓了很多，口中也尽是客套话。

正说话间，一名士兵匆匆忙忙跑进来在商奉的耳边低声说了几句话，只见商奉脸色大变，让那士兵再去确认一下。郦食其在一旁看得心里有数，知道张良的疑兵之计已经生效了。所以只是轻描淡写地加上一句："商将军，沛公率领 40 万大军，一路长驱到峣关，听说是您把关，不敢开罪于您，因此按兵不动，先派我过来和将军您商讨一下。"

商奉刚才听了士兵报告说刘邦的几十万人马已将峣关团团围住，已经有些心神不宁，但是却又不知道刘邦派郦食其此来的真正目的，虽然已经猜出个七八分，他问郦食其到底要商量什么。

郦食其说沛公认为暴秦无道，早已失去天下民心。而商奉也是时代俊杰，不应该还为秦君卖命，应该自立为王，与义军共襄盛举，也让沛公借着商奉的光能够列土封侯。郦食其话虽然说得十分客气，但是商奉也听得出反面的意思，就询问刘邦到底是什么意思。于是郦食其道出了真正意图，郦食其说两军交战遭殃的总是老百姓，沛公为了不愿伤及无辜，所以希望能和商奉合作，顺利入关减少伤亡。

商奉也考虑了半天，后来也叹了口气说，让郦食其回去转告刘邦，让他今夜的子时注意峣关城头，只要见到一支火把右挥三下，左挥三下，再画个大圆圈，就表示一切顺利，要他赶忙带兵入关。

郦食其见任务完成，赶紧回报刘邦，刘邦得知这个消息非常高兴地告诉了张良。但是张良却神色凝重地考虑了半天，说需要改变策略。刘邦问他是不是担心诈降，张良却认为，投降的事应该是真的。不过如果商奉并没有和人商量就一口答应，他是新近派驻峣关的守将，他的威信还没有完全建立，他一个人答应投降，并不表示其他的人也都愿意。万一有人不服，杀了商奉，再将计就计，弄一个陷阱引刘邦大军进去，到时候就会陷入不利的局面当中。刘邦听完之后也慌了，不知道该怎么办，张良毅然地建议大军立刻攻进去。

刘邦认为现在太阳才刚刚落下去，现在动手可能会泄露军情。张良劝告刘邦说，现在再不动手就太迟了。张良认为，商奉在郦食其离开之后，一定会召集诸将商量，现在说不定已经起了内讧，趁着他们现在乱作一团的时候攻城是最好的机会，如果再等下去，恐怕对刘邦他们就不利了。于是，刘邦就按照张良的计策行动。

张良猜测的果然是正确的。郦食其还没走多久，商奉就召集副将，让他控制好军队，准备午夜接应刘邦入关，副将听了吓了一大跳，让他考虑考虑在咸阳城中被扣着当人质的父母妻子，而商奉说他的父母早就过世了，而他唯一的儿子也在长平之战中战死，他的妻子也受不了这打击在年前去世，他没有什么要顾虑的。

但是他手下的副将却说他们的一家大小几十口人都还留在咸阳，要是他们这边有个什么风吹草动的，家里人就全完了。但是商奉还是不管他们的顾虑，只想一味地去行动。手下的一个副将不想顺从他的这个命令。商奉立时拔出了佩剑，与他在大厅上决斗。这时几个卫士听到了打斗声，急忙赶了进来，商奉看到大厅上突然多了好几个人，生怕那些副将会把自己通敌的阴谋说出来，就着急想赶快把副将给解决掉，来个死无对证。可是心里一急就乱了阵脚，一不小心露出个破绽，被副将一剑划中左臂，长剑落地，那个副将没有杀他，只叫卫士们将商奉扶下去，士兵们却站在原地犹犹豫豫地不敢动手。

商奉立刻大声呼喊，说副将违抗军令，却又诬赖他造反，叫人赶快把他制服。而副将就说他私通刘邦。这两个人就在那儿你一句我一句地争执着。

正在他们双方僵持不下的时候，一个裨将跑到大厅报告说刘邦攻城了。商奉一听就愣了，觉得很是奇怪，因为约定的时间还没到。

副将没有时间跟商奉对骂了，马上命令士兵守城，但是裨将说已经守不住了。商奉一听说已经守不住了，连忙踏上两步，说要开城投降，副将见他到了这个地步还想降敌，不待他说完，就一剑杀死了他。

就这样内讧也结束了，但峣关也是大势已去，刘邦大军一进入峣关，就命人大喊："放下武器，投降的不杀！"秦军见城池已经被攻破，早就丧失了斗志，经他们这么一喊，十之八九都把兵刃丢下，剩下的几个士兵还想顽抗，但是没有多久就被歼灭了。

后来，刘邦大军占领了峣关，又攻破了蓝田，直接打到了渭水东岸的灞上，逼迫得子婴无奈之下，在这一年的十月向刘邦投降，结束了这个统一中国 20 年的暴政。

刘邦终于如愿以偿地进驻了咸阳，看到秦国那雄伟的宫殿，奢华的布置，之前的斗志立刻消失在了九霄云外。他在咸阳狠狠地享受了一番，等到刘邦看到后宫的三千佳丽个个美若天仙，整个人几乎都要瘫痪了，立刻决定留在咸阳宫中。时间长了，这种奢华日子习惯了，刘邦就再也不想出关了，只想整日沉浸在酒色当中。

樊哙见刘邦整日花天酒地，对政事一点都不过问，十分担忧，就仗着自己和刘邦是老搭档又是连襟的关系，硬闯到宫里对刘邦说："你到底是想得天下，还是只做个富家翁？秦国就是亡在这些宫殿、美女和摆设上面，你还要这些东西干什么？快跟我离开这儿回灞上去吧！这个地方住久会要人命的。"

刘邦听完之后愣了一下，他没有想到之前杀狗出身的家伙也会板起面孔来说教自己，听着实在很不好受，就压根不搭理他。樊哙眼见刘邦已经玩昏了头，也不听劝，就忍着愤怒去找张良。

张良听完樊哙的倾诉，立刻进宫找到刘邦，苦苦劝导，说秦君无道，搞得天下大乱，这才使得刘邦有机会进入咸阳。结果刘邦刚得了咸阳，就开始花天酒地，终日沉溺在声色犬马当中。张良告诫刘邦可曾想过，这样一来老百姓没有人再会信服和拥戴他了，说不定立刻就有第二支义师进来取代他了。而且如今项羽声势浩大，实力远远胜过刘邦他们，而且过不了几天就可以到达咸阳，如今他既然已经先抵达了咸阳，可以说是百废待举，而他却不理政务，反而沉溺于享乐。樊哙说得也很对，虽然话不好听，但是都是肺腑之言，希望刘邦采纳樊哙的意见，跟他们一起回灞上。

听完这些，刘邦就再也不能赖在此地不走了，因为刘邦心中清楚，自从攻打峣关的时候，张良先把刘邦由战略拉向政略，然后又从政略转化成为战略，才能够成了现在的大事而能顺利入关的。毕竟之后与群雄征战的回数还有很多，于是他听从了张良的话，马上出宫，驻军灞上，然后又采纳张良的建议，召集关中诸县父老豪杰开会，与他们约法三章，而刘邦的演说也是值得人回味：

"各位关中的父老兄弟姐妹们，在暴秦苛刻的法律逼迫下，我们天下的百姓流离失所，痛苦不堪，而且还在精神上给我们老百姓更大的压力，比如诽谤朝廷的要诛灭九族，低声私语的要被杀等等，生命毫无保障，这使得天怒人怨。因此我刘邦决心要拯救万民于水火，而且我一直是本着这种抱负而起兵的，在诸位乡亲的协助之下，才能让我进入关中。在此，我希望大家不要担心，因为我是来给大家谋幸福、解除痛苦的。因此我刘邦与大家约法三章，希望咱们能够共同遵守，那就是：一、杀人者处死；二、伤人者按律抵罪；三、抢夺财物一律按情节轻重议处决不宽待。而之前秦国的苛捐杂税，全部予以废除。请各位回去相互转告，所有的从业者还是继续从业，我的军队就驻防在灞上等待诸侯来会师，只要各位不犯法，我们绝不会干扰各位的。"

当秦国的老百姓听完刘邦的这番话之后，都十分高兴，他们立刻杀猪宰羊，抬着酒食到灞上去犒劳刘邦大军。刘邦却坚决不肯接受他们的美意，而是婉言拒绝，说军中有的是粮食，还让父老乡亲不要破费，免得让他们感到不安。

秦国的老百姓知道刘邦如此的仁厚和爱民之后，更是欣喜，而刘邦的这种仁德不胫而走，所有的老百姓都拥护刘邦留守关中当秦王。

宴会惊魂

刘邦现在对留守关中称王的事十分热衷，因为在出兵之前楚怀王就曾向群雄许下诺言说，谁先入关谁就留在关中为王。现在刘邦既然最先入关，按道理说应该是这个秦王的位子非他莫属了。但是正在刘邦大力收买人心、培养自己的政治资本的时候，关东传来了一个消息，章邯兵败投降项羽之后，项羽已经答应立章邯为雍王。雍是关中的地方，这分明是想把秦地封给秦的降将章邯，而把楚怀王以前所说的话一笔勾销。刘邦拼命打下了关中，却让别人来坐享其成，这叫他如何忍受得了？

正在这时，关中有人知道了刘邦的心思，就去拜见刘邦，说项羽的军队再过几天就会打到关中来了，万一让他顺利入关，只怕关中就要拱手让给项羽。他劝刘邦先派重兵驻防函谷关，阻止项羽继续西进，免得这块富饶之地落入他们手中，增长他们的气势。

刘邦听完这一番言论，正合自己的意思，就立刻在函谷关加派重兵，打算给项羽一个下马威。

项羽自从救赵成功，而且接收了秦将章邯、董翳、司马欣的投降军队，兵力已经发展到 40 万之多，声势浩大，所以根本就不理会楚怀王的约束，一直向西挺进，恨不得飞入关中，割下胡亥的脑袋，掘出嬴政的坟墓，给叔父项梁报仇。但是他哪里知道，由于自己沿途杀戮太重，秦军人人誓死抵抗，这无形之中给他增加了许多阻力，所以只能眼看刘邦进入关中，心中十分惆怅。当部队到达函谷关的时候，却又听到刘邦重兵封锁了函谷关，拒绝关东各路诸侯进入的消息，立刻气得脸色发青，火冒三丈。项羽马上派英布率领精锐的军队强攻函谷关，在僵持了将近一个月之后，刘邦的部队终于把守不住，弃关而逃。项羽一口气冲杀到戏县。

就在这时，刘邦手下有一名左司马叫曹无伤的，他见到项羽军事实力强盛、拥兵百万（其实只有四十多万），直逼关中，心想刘邦难以与他抗衡，因此想讨好项羽，为自己未来的政治前途铺路，就派密使悄悄地到了戏县。那密使见到了项羽说刘邦想留在关中自立为王，而且为了收买民心，他假装仁厚爱民，不但封存了秦国宫殿中的所有珍财宝货，还派子婴为丞相，刘邦的手下左司马曹无伤被他蒙骗幸好现在顿悟，特地叫他来向项羽报告的。

项羽听了之后很不屑，认为刘邦只是个泼皮无赖，市井小民。但是他的谋将，也就是项羽的亚父范增却认为，刘邦之前贪财好色成性，现在进了关中，放着眼前的大把财货不顾，反而把它封存起来，可见他的野心不小。范增认为刘邦志不在关中，而是在全天下。所以范增建议项羽在羽翼没有丰满的时候早点将他除掉，免得之后成为后顾之忧。

项羽十分认同范增的说法，命令部队先移师新丰鸿门（新丰即今陕西临潼，鸿门在临潼东十七里），打算明天围攻刘邦，杀他个措手不及。

此时刘邦完全不知道自己已经大祸临头了，当他正打算如何说服项羽让自己在关中称王的时候，项羽的这个计划被他的一位叔父项伯知道了，而项伯当初跟张良有很深的交情，因为项伯当年曾经杀过人，在走投无路的时候，张良不顾一切地收留了他，让他躲过风头，免除了杀身之祸，所以项伯一直都很感激张良，总想找个机会报答他。现在得知这个重大的消息，连夜赶到灞上，把这件事情告诉了张良，并叫张良跟自己回到项羽的军中躲避这次大祸。

张良一口回绝了项伯的劝告，还对他说，自己是奉了韩王的命令前来协助沛公，沛公又待他如己出，现在沛公有难，他却一个人独自脱逃，于公于私都说不过去。而且，他想沛公也不至于做出那么糊涂的事情。张良劝项伯他们最好先把事情弄清楚，免得到头来自己人互相残杀，留下笑柄来让世人讥笑。再说，事情已经到了这个地步，不妨让沛公知道，看看他到底为什么会引起项羽这么大的误会。张良让项伯稍坐一会，自己前去把这件事情告诉沛公。

刘邦听了张良的禀告，瞬间如五雷轰顶，一点办法也没有了，他急忙向张良求救。

张良问刘邦现在是不是有能力击败项羽，刘邦迟疑了一下，然后斩钉截铁地说不能。张良让刘邦告诉项伯说，他决不会背叛项将军的，况且他们告关中父老书中就有等六国诸侯来会师以后，再决定一切的话，可以说明刘邦他们的态度，而且这样项伯回去说起话来也方便些。

直到张良出完了计谋，刘邦悬在半空中的一颗心才慢慢地安定下来，他突然想起来一个问题，就问张良怎么会和项伯认识，张良把之前的事情告诉给刘邦。在刘邦得知项伯比张良岁数大的时候，刘邦立刻让张良请项伯过来，他要拜项伯为大哥。张良立刻明白刘邦的意思，把项伯请进帐中。

项伯一进来，刘邦立刻向他敬酒，大哥二哥的叫个不停，等到迷汤灌足，刘邦就自我表白说，自打他进关以来，可说是连一根草都不敢动，秦国的府库财产他全都封存起来，准备等项羽进关的时候处理。至于函谷关派兵驻防，其实是害怕一些秦国的残党趁着混乱进入关里扰乱秩序，才预先做个防范，完全没有要阻止项羽要入关的意思。但是不知道谁在当中挑拨，搬弄是非，使得项羽对他却产生误会，希望能找个人帮他说说话。而项伯是个直肠子的人，认为刘邦的确受到冤枉，安慰了他几句，并拍着自己的胸膛说他可以帮刘邦辩解，而且希望刘邦明天最好再亲自跑一道，当面和项羽说个清楚。

项伯回去之后就照着刘邦的话把消息带给项羽，而且还为刘邦辩解说刘邦这人很不错，他先进关替将军在前面铺好路子，让将军能够顺利进来。将军不但不予奖赏，反而要出兵攻他，在情理上实在说不过去。刚才他跟项伯约好明天要来拜访将军。项伯让项羽仔细想想，如果刘邦真想谋反，还敢来见他吗？

项羽这个人一向就是耳根子软，喜欢听人拍马屁。同时他也瞧不起刘邦，认为他没有造反的胆子，再加上叔叔项伯这么一说，就取消了围杀刘邦的计划，改在鸿门设下宴席等候刘邦前来谢罪。

范增见项羽和项伯谈完话后就立刻改变计划，心中十分恼怒，立刻再到项羽面前说刘邦是如何的狡诈，很不可靠，应该早些杀了他以免除后患，并且建议趁刘邦谢罪的时候，在宴会中由项羽掷杯为号，发动埋伏在帐后的武士击杀刘邦。而此时项羽心中又是一动，但是却未置可否，范增也就不再多说，直接去安排明天鸿门宴中暗杀刘邦的事宜。

第二天清晨，有情报传来说鸿门方面的军队一直没有调动的迹象。到了这个时候，刘邦总算是松了一口气，暗自庆幸昨晚的戏演成功了，于是带领了张良、樊哙、纪信、靳强、夏侯婴和一百名侍卫，赶往鸿门去赴宴。

刘邦见到项羽，自然是首先示弱，向项羽请安，并装作亲热的样子招呼着。项羽就傲慢地点点头，和刘邦坐下寒暄了几句，刘邦突然装作一副受尽了万般委屈地解释说："当年我和上将军合力攻秦，您负责河北，我负责河南。承蒙上将军为我挡住了大部分的秦军阻力，我才侥幸地先一步攻进关中，刘邦知道上将军您的大德，所以进入关中以后，除了跟父老们约法三章，安定民心以外，什么都不敢动，想等上将军您来了以后再做决定。可是现在竟然听说有人在您面前挑拨离间，想要破坏我们的情谊，所以……"

项羽不耐烦地说道："现在一切都解释清楚了，过去的就不必再提了！"项羽心中自有盘算，他昨晚听到了项伯的一番话，而现在又看到刘邦的态度如此诚恳，想想自己实在不应该如此对待他，于是打断刘邦的话，说道："其实对你进关的事情，我本来也没有什么意见，是你的左司马曹无伤派人来说长说短，要不然我怎么会到这里来呢？好了好了，误会已经解释清楚，就不必再提了，还是喝酒要紧，来，来，干杯！"

于是，项羽与刘邦就开始吃喝。这时候，坐在旁边的范增看到项羽不但中止了围攻刘邦的原定计划，连击杀刘邦的行动也迟迟不肯发动，只是一味地和刘邦

张良雕塑

聊天谈论天下大势，急得他连举了三次所佩的玉玦，示意项羽该动手了。

张良向来知道范增才智超群，诡计多端，而看到现在他连连向项羽示意，实在是捏了一把冷汗。不过后来看到项羽几次都是对范增视而不见，似乎无意采取行动，这才稍稍放心。

但是谁也没有想到，范增现在已经是决心要除掉刘邦，见项羽不理他的暗示，干脆另定一计，借故走到帐外，找到项庄，对他说："上将军已经被刘邦的迷汤灌得飘飘然，根本就没有心去杀他。但是，现在要是不杀他，恐怕有一天我们都将成为他的俘虏，那就后悔莫及了！"项庄一听，拍拍胸膛说："让我进去杀了他。"

范增连忙拉住他，说现在直接冲杀进去，只怕项羽的脸上也挂不住。范增建议项庄假装进去舞剑助兴，等舞到刘邦的面前，就一剑把他的脑袋给砍下来，这样一来，项羽想拦也来不及了。

于是，项庄进入帐内向项羽说："今天难得上将军和沛公在这儿聚首欢宴，既没有音乐也没有美女，未免太单调了，不如让末将舞剑，来助劝酒兴好吗？"

项羽满口答应了。项庄抽出佩剑向项羽行了个礼，便开始舞了起来。刚开始剑走轻灵，项庄全借着手腕使力，灵活机动，只见一道道的寒光忽上忽下，左右翻腾，十分好看，但是舞了一会儿，突然听项庄大喝一声，剑法一变，由快转慢，由轻灵转为凝重，这时候项庄手里的剑力道沉猛，这每一剑砍下去，都几乎有着千斤的重力。刘邦这时才感觉到有一股杀气笼罩着自己，而项庄的眼神不时向自己身上扫来，刘邦不禁汗流浃背，右手暗暗抓紧放在身旁的长剑。

项庄越舞越近，就在刘邦考虑要不要拔剑的时候，项伯也觉察出气氛不太对劲，于是拔出佩剑护住刘邦，与项庄对舞。虽然项伯在剑上的造诣比不上项庄，但是项庄为了怕稍有闪失伤了项伯，不敢强行出剑杀刘邦，紧张的情势才缓和下来。

张良见项伯不时地用身体挡在刘邦前面，知道一时之间还不致有太大的变化，可是要脱身恐怕还得费一番周折。于是，他借机赶紧到帐外找樊哙，樊哙在外边也等得不耐烦了，他急忙问里面的情况，张良把范增找来项羽的堂弟项庄假装舞剑助兴，其实却想借此机会杀掉刘邦，幸好项伯起来和他对舞，暂时护住了刘邦的消息告诉了樊哙。

樊哙是个暴脾气，他立刻右手执剑，左手持盾，打算硬闯进去，帐门口的执戟卫士上前拦阻，樊哙怒喝一声："滚开！"持盾用力一撞，把五六个武士全都撞倒在地，直入帐内。

樊哙进入帐内，威风凛凛、满面杀气地站在中央，一双铜铃似的大眼，一直盯着项羽不放。项羽突然看见一个不认识的大汉带着武器，怒发冲冠的样子，不觉吃了一惊，手握剑柄，问来者何人，张良赶忙起身说这就是沛公的骖乘樊哙将军。

项羽见他身材魁梧，威风凛凛，对他很是赞赏，而且这时候他觉得自己太过紧张了一点，把欢宴的气氛都给破坏掉了，随即吩咐手下给樊哙斟一杯酒。樊哙接过侍者拿来的酒，昂然地站着，仰首一饮而尽。

项羽生平最喜爱的就是这种豪爽粗犷的人物，他看到樊哙这么爽朗，一点也不矫揉造作，不禁有了惺惺相惜的感觉，连忙再吩咐左右再赏他一块肉。侍者又奉上了一只猪蹄膀。樊哙一看竟然是生的，心里明白是项羽左右的人在捉弄他，可是却满不在乎地接了过来，把盾牌往地上一放，当作砧板，拔出佩剑一块一块割着，割好便往嘴里送，津津有味地大嚼起来。

项羽见樊哙十分有气魄，越看越是欣赏，这时候早就把范增的话抛到九霄云外去了。他问樊哙能不能再来一杯酒。

樊哙大声说："我连死都不怕，一杯酒算得了什么？"这一句话可不得了，既然给了他这个说话的机会，樊哙立刻讲起道理来，他说的这些道理竟然比两个月前在咸阳教训刘邦时还要畅快淋漓、气势恢宏，他大声地对项羽说："我是个粗人，但是我一直不明白一个道理，想向您请教。我们都知道，秦王的暴政搞得天下老百姓人心惶惶，生活在水深火热当中，后来实在是受不了，就揭竿起义，大家联合起来将他打垮。而且大家应该都知道，当年楚怀王为了要推倒秦朝暴政，就和咱们约定好了的，说谁先进入关中，谁就可以被封为秦王。但是现在沛公第一个入关了，照理说应该给封为秦王，这是毋庸置疑的。但是沛公他非但没有这么做，反而将宫室的所有仓库封存起来，并且与老百姓约法三章，更是命令士兵们不许骚扰老百姓，而且沛公驻军灞上，是等待上将军您还有各路诸侯的驾到，然后再作打算。这些在布告上都写得清清楚楚，就算像我樊哙这样大字不识一个的人也都知道。沛公派兵把守关口，当然只是为了防范一些秦国的残党闯进关来骚扰老百姓，沛公压根就没打算对付我们自己人。您对如此宅心仁厚的沛公不但没有奖励，反而听从小人的中伤，还要谋害他，您这样以后谁还敢再为您卖命？您这么做跟秦朝的滥杀无辜有什么分别吗？"

项羽自从出生到现在，从来没有当面被人这么责骂过，现在被樊哙如此地数落了一番，羞愧而又愤怒，但是又发作不出来，脸上红一阵白一阵，一时之间竟然说不出话来，只好让樊哙坐下，说之后再好好谈。

张良也感觉十分惊喜，他原来只是打算让樊哙过去在即将发生的斗争中做个帮手，没承想他竟然讲得头头是道，让项羽无言以对，把他说得服服帖帖。张良看到了这个场面，暗自为樊哙的表现喝彩，但是他怕时间拖久了，情况会有所变化，于是向刘邦和樊哙递了个眼色，刘邦立刻会意，装作喝醉了的样子要上茅房，他悄悄地溜出帐外。刘邦刚从帐外出来，张良和樊哙找了借口立刻也跟了出来。

这时候也没人阻拦，刘邦见两人都已出来，看看左右没人，就问他们是否要现在逃走。

樊哙催促刘邦赶快走,但是刘邦说还没有跟项羽去道别,樊哙却气急败坏地小声告诉刘邦,人为刀俎,我为鱼肉,不能讲那些个礼节了。张良也告诉刘邦,让他们先走,他暂时留在这里稳住他们,如果一起走的话,走不远也会被追回来。张良向刘邦要了给项羽准备的一对白璧还有打算送给范增的一对玉斗,就催促他们尽快离开。

刘邦想骑马逃走,但是张良建议让他抄小路步行回灞上,免得他们起疑心。于是刘邦在前,樊哙、纪信、靳强、夏侯婴四个人断后,快步向骊山的小路走了。

过了很长时间,张良估算着刘邦他们差不多返回营地了,就悠闲地捧着礼物进去,向项羽和范增说:"禀告上将军,沛公因为喝得烂醉如泥,怕酒后失态,不方便来向您辞行,所以特地命我奉上白璧一对献给上将军,玉斗一对献给亚父。"

项羽也很惊讶地问张良:"刘邦既然喝醉了,现在在哪里?"

张良说刘邦因为不胜酒力,怕酒后失态,而且项羽的手下有人不断地想要加害他,所以他先行告退了,现在应该已经回到灞上了。

张良分别把礼物呈了上去,项羽没有再追问,很欣赏地盯着刘邦进献的一对白璧,放在手上看了又看,爱不释手,又看到了范增的那对玉斗,说送给他的这份礼物也很不错。

范增此刻是恼羞成怒,他接过玉斗,狠狠地将它往地上一摔，拔剑又把它砍成几段，十分愤怒地说："唉！天赐的良机你小子都不珍惜，你以后还怎么能成大事啊！项羽啊项羽，总有一天你会后悔莫及的！"

张良见事情都顺利地办完，也就放心了，他因为很久没有和项伯叙旧，就在散席后特意找他，与他秉烛夜谈，同时张良还不忘为刘邦做些人情，随后他就带着随从返回了灞上。

咸阳宫的大火

刘邦回到自己的营地之后，第一件事就是把左司马曹无伤给杀了，而项羽这边，虽然他也很后悔没有好好把握机会除掉刘邦，所以对范增好好安慰，但是项羽心中始终没有把流氓出身的刘邦放在心上，所以直接率领大军从鸿门开进咸阳，把秦国的宗室王族从拘留所里提出来，统统绑赴法场，再打开府库，将所有的珍宝金银掠夺一空，还将后宫的美女经过一番细细挑选，排队装车，又将骊山秦始皇的坟墓挖开，挫骨扬灰。

项羽意犹未尽，还让人在咸阳宫放火，金碧辉煌的楼台殿阁被火舌吞噬着，烈焰直冲九霄，哔哔剥剥、轰轰隆隆的声音，都能够传到数十里之外。这场大火一烧就是三个月的时间，不但烧毁了秦始皇耗尽民力与天下财物所建造的阿房宫、宗庙，同时也连带烧毁了不少民房，弄得许多百姓家破人亡，悲惨至极。

此外，咸阳宫的大火，更是造成了学术界的一大损失。原来当年秦始皇焚书的时候，焚毁的只是藏在民间的"禁书"，至于秦宫中所珍藏的各类珍贵图书、典籍却仍然完整保留着，而项羽不知道这些书籍的真正价值，所以就让它们随着宫室的大火，一起化为灰烬了。

大火熄灭了之后，放眼望去，全是一片狼藉的悲惨景象，满目的疮痍，房屋倒塌的倒塌，烧毁的烧毁。这时，范增极力劝告项羽留在关中，不要放弃这片土质肥沃、形势险要的地方，但是项羽一看咸阳宫都烧成这样子了，满地都是残垣断瓦，实在没有兴趣留下来，而且他在大功告成之后，忽然动起了还乡的念头，他觉得富贵而不回乡，就好像是穿了华丽的衣服走在黑暗里一样，没人能看得见，于是决定返回关东。

项羽打算到底要让谁留在关中的问题却始终是个麻烦，他想如果给了刘邦，对这个村夫的怒气还没有消除，如果不给他又怕失信于诸侯，对自己的信誉有损。想了又想，最后决定对楚怀王施加压力，让楚怀王撤销"先入关的就留在关中为王"的约定，于是派了个使者带着一份奏疏给怀王说，刘邦虽然先入关，但是全是由于诸侯们的合作牵制了大部分的秦军，他才能顺利攻下关中，所以刘邦的功劳并不比其他诸侯大。如果真的要照从前的约定把关中赐给刘邦，那又要拿什么来赐给其他功高的诸侯呢？分封不均，诸侯难免会有怨言，说不定会再度引发战争。所以希望怀王能取消当时的约定。

楚怀王看了这个奏章之后，十分生气，他就让使者回去告诉项羽，人无信不立，何况当初楚怀王是在天下诸侯的面前许下这个诺言，怎么可以轻易地说改就改呢？楚怀王让项羽维持原来的约定。

这个答复让项羽顿时就火冒三丈，他气得浑身发抖，说楚怀王是什么东西，还不是自己把他从平民捧到了王位，他哪一样不是坐享其成的？从他坐上王位，一直到消灭秦军，在这三年的时间里，他什么也没有做。这个江山都是项羽和他的部下出生入死，刀山火海地拼出来的，还敢对他进行违抗，真是不要命了。立刻，项羽就找了个借口，说楚怀王应该和古代帝王一样，地方千里，而且居住在河流的上游，因此逼迫他迁都偏僻的长沙郴县（今湖南郴州），然后项羽又以巴蜀汉中同属于关中的范围为借口，将刘邦封为汉王，指定他建都南郑（今陕西南郑）。这样一来，他没有把刘邦留在关中，而又没有违背当初的约定。

不过，这都是一些鸡毛蒜皮的小事情，而项羽和范增的目的是要设下一系列的陷阱，永远遏制住刘邦，让他永世不得翻身。首先他以诸侯是否曾经跟随他入关作为受土分封的标准（跟项羽入关者，就表示能受楚军的节制），然后才分封诸侯，这样就造成对刘邦军事封锁的形势，使得刘邦再没有向外扩张的能力，只好老死在巴蜀汉中。以下便是项羽和范增一系列的紧密安排：

一、以关中制汉中——把关中地区分为三个国家（号称三秦），封给三个秦国的降将：章邯为雍王，治理咸阳以西，建都于废丘（今陕西兴平市）；司马欣为塞王，治理咸阳以东，建都于栎阳（今陕西临潼区）；董翳为翟王，治理上郡（今陕西北部和内蒙古鄂尔多斯一带），建都于高奴（今陕西延安）。这样一来，在政治意义上是秦人治秦，除了显示项羽的不计前嫌的博大胸怀，更可以借此冲淡"先入关者为王"的约定。在军事方面，如果刘邦想要回关中的话，首先必须突破三秦的联合力量，这个计策，实在是高明。

二、以关东制关中——在河东（今山西）方面，派魏王豹为西魏王，建都于平阳（今山西临汾）；在河南方面（即今河南黄河南岸），派申阳为河南王，治理伊水、洛水流域，建都于洛阳；韩王成则保留过去抗秦时的游击区，为韩王建都于阳翟（今河南禹州）；在河北方面（今河南黄河以北及河北南部），司马卬为殷王，治理河内（在今河南黄河以北），建都于朝歌（今河南淇县）；张耳为常山王，治理赵地（今河北南部、山西东部，以及河南黄河以北的一部分），建都于襄国（今河北邢台西南）；在江淮方面，派英布为九江王，建都于六安；共敖为临江王，建都于江陵（今湖北江陵）；吴芮为衡山王，建都于邾（今湖北黄冈）。就这样，对关中形成一个包裹式的包围，这也就是说，就是刘邦能够突破三秦，得到了关中，但是有了这东、南、北三面紧密包围的第二道关卡，他想出关，势比登天。

三、项羽自己建都于彭城（今江苏铜山）。这一招更为高明，项羽的这项决定，不仅控制了鲁、豫、苏、浙等九郡的抗暴的发源地，更是间接控制了关东、关中与汉中。项羽不会不知道，三秦王不是刘邦的对手，但是至少可以发挥一些作用去牵制刘邦。而且，即使关中的力量不够，还有关东方面的第二道防线，万一关东仍然阻止不住刘邦，从彭城西进函谷关，西南进武关，最多也就是十天半个月的路程，刘邦就是有通天的本领，绝对不可能将整个关中与关东这两股大势力在这短短的几天时间完全击垮。这也就是说，这种天罗地网的包围，已经将刘邦死死地困在了蜀中，他插翅也难飞了。

楚汉之争献良策

刘邦拜韩信

　　这时候，刘邦就处在这样的局面当中，他心中有百万个不情愿，但是还是无计可施。刘邦心想，如果不能突围项羽的包围圈，怕是这辈子就要终老在这巴蜀之地了。于是刘邦立刻召集部将准备奋力一搏。但是将士们听了刘邦的想法之后，都左右为难了，因为他们劝也不是，谁也不想老死在这地方；不劝也不是，力量悬殊，恐怕会吃大亏。这时候，萧何认为，汉中、巴蜀虽然不如关中，但是总比以卵击石要强很多，他们目前的兵力只有项羽的四分之一，加上项羽分封诸侯，诸侯王都听命于他，真要打起来的话，恐怕只有死路一条，倒不如先退守四川，招贤纳士，训练士兵，养精蓄锐，等到时机成熟的时候再进取天下也不晚。刘邦仔细考虑了一下萧何的建议，接受了他的计划，带领着军队西向汉中巴蜀。

　　张良完全不像刘邦那么沮丧，他认为世间的事情是什么都有可能发生的，形势的造成完全是人为的因素。想当年在秦国的时代，比起这时的项羽、范增杂乱不堪的兵力要周密、强盛了很多倍，但是仍然逃不过灭亡的命运，而且现在刘邦的基本实力根本就没有什么损失，如果凭着坚强的意志，一直努力下去，还是很有希望进取天下的。

张良在汉中（今陕西汉中）为刘邦送别的时候，一直鼓励刘邦，现在可不是沮丧的时候，既然项羽的目的是想把他们都困在巴蜀这个地方，那可以索性把沿途经过的栈道都烧掉，表示刘邦他们再也没有回到关中的打算，也好让项羽不再像防贼一样紧防着刘邦了。

张良还给了刘邦一个建议，张良原本就是代表韩王来帮助刘邦抗秦的，现在既然秦国灭亡，项羽的分封也已经成为了定式，他可以名正言顺地回韩国去，也正好帮刘邦在关东做联络工作。一旦时机成熟了，就可以配合刘邦的行动，随时在关东策应。

刘邦听完之后眼中顿时放起了光芒，他就按照张良的意思，把沿途经过的栈道都给烧毁。但是现在居住在巴蜀的一些将士因为不知道刘邦的计划，只见刘邦已经断了回家的路，都心存怨恨，这是因为刘邦的军中有不少关东人，他们本来以为进入关中，破秦之后就可以回家了，现在不仅回不了关东，还得跟着刘邦一起驻守巴蜀之地，心中本来就不情愿，又见刘邦竟然把东归的路都给烧掉了，内心更是愤怒不已，有些士兵就趁机逃跑了。

刘邦虽然内心着急，但是回过头来一想，正好借这个机会可以整顿军心，去掉那些意志不坚的将士，所以刘邦也就没有过分追究此事。

忽然有一天，一个士兵禀告刘邦说萧何萧丞相逃跑了。刘邦听完之后气得跳了起来，他又气又急，一下子六神无主了。过了两天，萧何自己又回来了，刘邦又惊又喜地埋怨萧何自己到底是哪里亏待了他，就连丞相也要背叛自己。

萧何说刘邦误会了，他是去追韩信的。刘邦对他的话表示怀疑，因为这几天一连逃走了十几个将领，都没有见萧何那么着急去追，而现在又说自己去追一个没名的家伙。

萧何一脸正色地告诉刘邦，韩信是举世无双的人才。如果刘邦不愿意终老在巴蜀，而且想要进取天下，没有韩信不行。刘邦从来没见过萧何这么严肃，见萧何这么极力举荐他，就打算派他当个军官。但是萧何不赞同，因为如果只是个军官，用不了几天他自己还得费一番工夫去追他了。

刘邦越听越玄乎，觉得萧何对这个人相当器重，就又打算让韩信当个大将军。于是就让萧何把他叫进来，好跟那个韩信谈谈。但是萧何又一次反对了，萧何认为如果刘邦要任用他为一个大将，就不应该像使唤奴才那样，这种态度不用说韩信不会接受，就算韩信接受了，其他的将士也不会心服的，以后韩信如何能对部下发号施令呢？刘邦听完之后觉得萧何说得很对，打算选一个黄道吉日，自己设坛斋戒亲自拜将。

于是刘邦在南郑筑起一座拜将台，斋戒沐浴，整齐衣冠，由专使捧着印信兵符，在黄道吉日的那天登坛拜将。汉王刘邦拜将的消息不胫而走，汉军中大大小小的将领都以为可能会是自己，或者是哪个名震天下的将军，否则刘邦不会亲自设坛拜将弄得如此隆重的。但是谁也没想到出场接受大将兵符印绶的人，竟然是一个听都没有听说过的小小督粮官韩信，大家都惊讶得半天说不出话来，只是看到刘邦如此郑重其事，也就没敢说什么怨言。

拜将的仪式一结束，刘邦就考察韩信的才能，刘邦问韩信："萧相国三番两次说起将军雄才大略、旷世奇才，不知道将军对寡人有何指教？"

韩信轻轻一笑，胸有成竹地问刘邦："当今能和您争夺天下的是不是只有项羽一个人？"刘邦点头赞同。韩信又问刘邦，在勇武方面，他跟项羽谁厉害，刘邦想了很久，摇了摇头说自己不如他。

韩信立刻躬身下拜，讲了一番让刘邦折服的道理。

韩信说："沛公确实是有自知之明，我也认为您在这方面不如项羽。不过，我曾经在项羽帐下待过很长时间，对他的性情、作风、才能、品德都知道得很清楚。项羽这个人叱咤风云，勇冠三军，怒喝一声就能吓退千军，但是他不能用人，贤臣良将在他的帐下完全不能发挥所长，所以项羽虽勇，只不过是匹夫之勇。项羽虽然对手下的将士也很仁爱，将士生了病他会流泪，亲自送东西给病人吃，但是将士们攻城略地，立下功勋，应该封爵受赏的时候，他反而舍不得了，由于将士得不到应有的封赏，而心存怨恨，所以项羽的仁也只不过是妇人之仁而已。而且，项羽犯了三个致命的错误：第一，他虽然雄霸天下，也分封了诸侯，但是放弃了富饶的关中，建都彭城，这一点上他失去了地利。第二，他擅自违背了怀王的约定，全凭自己的好恶，封自己的亲信为王，这让许多人都对他产生了怨恨。而诸王侯看到他把怀王放逐到偏远的地方，也会学他那样把旧主逐到别处，而自己占有土地，这就让他的命令从此之后不好使。第三，项羽所经过的地方，烧杀抢掠，无恶不作，他的脚步踏到哪里，哪里就成为废墟，自然天怒人怨，只要有机会就会起来反抗，现在他虽然强霸诸侯，却是外强中干，脆弱得很。

"这个时候，如果沛公您反过来，选贤任能，论功行赏，自然会使得人们心悦诚服，然后，您可以多加利用将士们的思归心切的心理，到时候他们自然个个勇猛无比。当然，还有三秦的雍王、翟王、塞王，他们本来是秦国的将领，在他们手中不知断送了多少秦国子弟的生命，当年章邯投降项羽的时候，手下20万部队在一夜之间全部被项羽坑杀，所以秦国的父老们对他简直恨之入骨。然而沛公您一入关中，不但跟百姓秋毫无犯，还废除了秦国的苛政，和他们约法三章，这就在民心上占得了先机。而且，项羽这次强行立三秦王，不顾当初的约定，把您排挤到汉中来，秦国的老百姓整日正翘首盼望，希望您能早日回到关中。因此，如果沛公您向关中发兵进攻，一定会大获全胜。拿下了关中，之后进取天下就十分容易了。"

刘邦听完韩信的言论，喜不胜收，这时他才明白为什么萧何那么器重他，甚至不惜一切，月下追上韩信，原来韩信的确是个大将之才，有一种相见恨晚的感觉，于是他立刻向韩信问计。刘邦问韩信，说现在栈道已经烧毁，怎么才能出去？韩信向刘邦献策，可以计划明修栈道，暗度陈仓（今陕西宝鸡），采用一明一暗的两面手法。

栈道现在已经被烧毁，如果想要修复让大军通行，是十分艰巨的任务，绝对不是短时间内所能完成的。但是韩信却故意派人去修复烧毁的栈道。

修栈道的消息不久就传到了关中，据守在前线的雍王章邯对韩信他们的举动十分嘲讽，原先警戒的心理逐渐松懈下来。章邯死都没有想到修复栈道只是表面的工作，其实刘邦和韩信早就偷偷地带领部队从小道绕到陈仓，等到章邯接到了军情，已经来不及重新布防了，结果大败而逃，退回了雍都废丘。

这一下军心大振，刘邦立刻发起猛攻，一边围困废丘，一边攻打咸阳，塞王司马欣和翟王董翳走投无路，只好向刘邦投降。从此，刘邦再度占领了关中之地。

张良的计策

本来，项羽认为天下已经太平了，就想回到彭城去享几天的清福，之后的事情再做定夺，他万万没有想到，齐国的将领田都回到齐国之后，原来的齐国丞相田荣见项羽对他毫无封赏，反而将齐国派出救赵的将领田都立为齐王，把自己的侄儿田市封为胶东王。田荣很生气，于是起兵造反。项羽知道消息之后气得火冒三丈，就不许田市去胶东，并且让田都亲自率领精兵攻击田荣。田都敌不过田荣，只好退回楚地向项羽求援。

而在这时候胶东王田市的宠臣说项羽本就生性暴烈，是杀人不眨眼的魔头，他让田市去胶东，要是违命不去，恐怕就要大祸临头了。田市听完之后心里很害怕，趁着田荣出兵在外，赶紧率领众人离开临淄，前往即墨，没想到他的叔叔田荣也是翻脸不认人的，听到田市偷偷地跑到即墨的消息，立刻就掉转军队，赶到即墨去，把没有听从他的侄儿一刀毙命，又移师北上将济北王田安击杀，统一三齐，自立为齐王。

项羽自从巨鹿之战大破秦军，威震天下之后就没有人敢反抗他，现在田荣不但把他所立的三个王都毁掉了，还自立为王。这就相当于不但不听项羽的话，还当面抽了他一个耳光，项羽怎么能够容许别人在他的地盘撒野，他就打算攻打田荣。但是在项羽还没有教训田荣的时候，陈余也跟着起来响应，跟田荣组成盟军，突然袭击了常山王张耳。

常山王张耳万万没有想到曾经的好朋友竟然会暗算自己，在完全没有准备的情形下输得一塌糊涂，只好向西窜逃。这时候项羽又接到一道紧急的军情，刘邦已经还定三秦，塞王、翟王及河南王申阳都已经向刘邦投降了。

项羽脸都气得青了，他暴跳如雷，马上要动员全国的部队向西征讨汉王刘邦。就在这个时候，张良却立刻写了一封信给项羽，信中说汉王刘邦这次出击三秦，目的只是在于取得关中，实践盟约而已，并没有别的野心。而现在齐赵联合起来反楚，彭城近在咫尺，这才是项羽的最大威胁，他应该先一心一意地平了齐赵盟军才对。项羽不知道怎么回事就听从了张良的这个计策，把原先要西征的念头转而北伐了。

张良的计策被项羽采纳之后，他返回了刘邦那里。之后，在张良的精心筹划之下，没过了多长时间，刘邦又拉拢了韩王、魏王、殷王三路诸侯的兵力，就这样，刘邦的军力从原先的十万迅猛发展到了五六十万，后来连彭越的三万精锐也都归顺于刘邦了。

这时候，项羽的军队正和齐军僵持不下，而坐镇淮河两岸的九江王英布又没有打算一直替项羽收拾烂摊子，竟然直接冲进了项羽的老家彭城，这真的是一个意外的胜利。

刘邦被这来得十分容易的胜利冲昏了头脑了。当年他在秦国首都咸阳被张良和樊哙勉强压制住的物质情欲，在西楚首都（彭城）再度涌现出来。而且，彭城这地方美女如云，珍宝如山，是项羽苦心经营，筹划着享受荣华富贵的地方。

刘邦是出生在距离彭城一百多里地的沛县，从严格意义上来讲，刘邦比起生长在下相（今江苏宿迁）的项羽，刘邦把彭城视为故乡才最为合理。何况这时候的刘邦已经是威名四海、天下皆知，如今回到故乡享乐一番，也算是人之常情，谁也不便多说什么，就连樊哙也都闭上了之前曾经教训过他的嘴巴。而张良在这个时候，虽然隐隐意识到有一股潜在的危机存在，也就没有多说什么，就算说了，也不见得有效。

项羽的讨伐行动正在紧锣密鼓阶段，忽然听说自己的老家彭城被刘邦攻占了，一怒之下，赶忙把军事指挥权交给部将，自己挑选了三万精兵，从鲁南赶到苏北萧县，灭掉了汉军的前方队伍，再急行军攻到彭城。这时候刘邦正醉生梦死地沉醉在温柔乡里，连一点儿警觉都没有，而城外的营寨却早已经都被楚军踏平了。刘邦这号称五六十万的汉军转眼之间就被项羽的三万楚军杀得惨败，节节败退，沿着谷水，泗水岸边，一路溃退下去，光是遭楚军歼灭的就有十几万人，此外还有一部分逃到彭城南方的山区里了。

其实，按照道理来说，即使刘邦的部队被项羽杀个措手不及，但是他们怎么说都是人数众多，只要稍微整顿一下，应该能够抵挡得住区区只有三万军的项羽。但是汉军由于接连的胜利，个个都心高气傲，尤其在攻取了彭城之后更是觉得无人能敌，以为天下就在自己手中一样，所以在心理上几乎没有丝毫的警觉，再到后来经历了一场大的惨败，又见到楚军勇猛无比，项羽更是无人能敌，当下就丧失了自信心，认为自己绝不是楚军的对手。因为将士们都丧失了斗志，才招致汉军的大败，一个个落荒而逃。

假如进一步分析的话，就会发现军心不齐才是导致汉军失败的真正原因。刘邦虽然号称联合五国诸侯，拥兵五六十万，但是其中很多都是勉强拼凑而成的。比如塞王司马欣和翟王董翳，他们原来与项羽的关系相当密切，所以他们只是因为刘邦还定三秦被迫投降的，他们心中想的是如何能够逃回项羽的帐下。而且，殷王司马卬被擒之后投降刘邦，随着刘邦东征，也只是抱着投机的心理，作战时也不会很用心，更不会有同仇敌忾的意志。

当彭城这一仗被打得惨败之后，汉军万般无奈之下被项羽军队逼到灵璧（今安徽灵璧县）东面的淮水，几十万人全被挤下水中，光是淹死的就有十多万。幸好突然起了一阵暴风，吹得人仰马翻，天昏地暗，日月无光，刘邦才趁机带了十几个随从趁机逃跑了。

之前的享受荣华富贵的梦想全部破灭了，刘邦被项羽打得落花流水之后，才明白了彼此的差距。到了快被逼上绝路的地步，刘邦突然才想起了家，他怀念老父刘太公，想念妻子吕雉还有儿子刘盈，以及可爱的女儿。刘邦仔细回忆起来，自从他追随楚怀王转战河南、山东，西入咸阳，几年的戎马生涯，他都没有时间回到家乡去看一下，也从来没有想到过把家眷接到身边。不过按照道理来说，刘邦都已经打进了彭城，离家只有一百多里地的路程，早应该回家去看看，但是他当时只顾着自己享受，完全没有想到这些。到了现在，他被打得一败涂地，又该被迫退回关中休养几年，此时如果能够把家中老小都顺便带上，也算弥补了那些愧疚感。于是刘邦决定向西北逃亡，回到沛县丰邑。

等到刘邦到了家门口，只见大门紧闭，空无一人，就连左右邻舍也都不见了，好不容易才找到一个人问情况，而那人说刘邦的家人在楚军南下时因为军队一路烧杀掳掠，就跟着一群人都逃往南方逃难去了。刘邦只好继续向西奔逃，一路上只见难民众多，有的自东向西逃，有的从南往北跑，扶老携幼，无比的凄凉悲惨。就在这时候刘邦在难民中发现有两个小孩很像儿子刘盈和女儿鲁元，连忙叫人带过来，仔细辨认之下，果然是自己的骨肉，父子重逢，总算给刘邦带来了一点喜悦。

但是没走多远楚军就从后面追过来了。刘邦看到车上载的人太多跑不快，就一狠心，抬起脚就把刘盈、鲁元踢下车去，顾着自己逃命去了。幸好夏侯婴在后面护着两个小孩又跟了上来。但是每次只要一遇到楚军，刘邦就想把孩子扔掉，每次都被夏侯婴拦住，为了这件事，两人还争吵了好多次，刘邦气得都想把夏侯婴杀了，可是，看看左右也只不过剩下几十个人了，只好忍了下来。

就在这没日没夜的逃命中，刘邦心中想的只是该怎么样才能保住自己的命，后来他听说妻舅吕泽驻防在下邑（今安徽砀山县），于是他带领几十个人赶紧过来投奔，这才暂时安定下来。

刘邦在下邑没过多久，就又从下邑撤退到梁郡（今安徽寿县）。刘邦心里清楚，他不能再在关东生活下去了，决心要回到关中再度闯出一番天地。但是现在关东情势十分紧急，现在假如没有人替他顶着，估计过不了多久，关中也将落入敌人之手了。所以刘邦立即召集部属开会，打算把函谷关以东的地盘全部放弃，看看谁有能力接得下来。

张良分析，现在只有三个人能够接得下来。第一个人是九江王英布。在项羽征齐的时候，调遣他去参战，但是英布却假装生病，只派了个将军率领几千人敷衍项羽，所以项羽才对他不满意。而当刘邦军队攻下彭城的时候，只有英布离得最近，但是他只是按兵不动，项羽对他更是怨愤。所以，只要派个能言善辩的人，好好利用项羽和他的关系，一定能说动英布反楚。第二个人是魏相国彭越，项羽痛恨他联齐反楚，两个人根本就是死对头，如能善加利用，也是一支有力的部队。第三个人，只能在汉军将领当中寻找。而在汉军的将领当中，只有韩信一个人可以担此重任。

张良建议刘邦，如果决心暂时放弃关东，只要对这三个人许下承诺，给予相当的报酬，一定可以协助他攻击项羽，完成使命的。刘邦听从张良的计谋，就依计行事。一方面，他召请韩信，同时派专使

张良文雅形象雕塑

联络彭越牵制楚军的攻势；另一方面，他又派说客随何去往九江王英布那里进行笼络的工作。

九江王英布见刘邦派说客随何过来，不清楚他到底是什么意思，避不见面，只派了个代表询问随何的来意。

随何是个能言善辩的说客，他见英布是这个意思，立刻就说："其实我早就知道，九江王绝对是因为怕得罪项羽，才不愿意接见我。但是他没有想过，就算他接见我又有什么关系？我说的话他听得进去就点点头；听不进去，我这颗脑袋正好让他砍了献给项羽，这样一来，项羽不但会既往不咎，而且还能够博取项羽的信任，让项羽明白九江王是诚心诚意地在拥护楚国。像这样两全其美的事，九江王又何乐而不为呢？"英布听了随何这么说，觉得有些意思，就让他进宫，看看他能说出些什么来。

随何一见到英布，就问他是什么原因让他疏远汉国而亲近项羽呢？英布回答他说，他原来是项羽手底下的一名先锋，现在他之所以能够被封为王，都是项羽一手提拔的，他当然会与楚国比较亲近了。

但是随何立刻就指出来，说他当年起兵鄱阳，独树一帜，后来才跟项羽合力抗秦，项羽与他应该是平起平坐的地位才对。当楚怀王定都盱眙的时候，封项梁为武信君，而那个时候英布也已经是当阳君了，当时项羽只不过是个郡将而已。后来英布救援巨鹿、攻破函谷关，替楚国打天下，功高劳苦，而英布他是与项羽都是列土封侯了，不应该听他的才对。

　　随何进一步说，为什么在项羽身先士卒讨伐齐国的时候，英布本来应该当发动九江所有的军队，主动担当项羽的先锋，去冲锋陷阵才是，但是他却一直按兵不动，等项羽开了口，英布还以装病为理由只派个将军率领一批微不足道的部队和楚军出征，这明显不是部下对上司的态度。再说，当汉王刘邦进攻彭城的时候，项羽出征在外，当时就他离彭城最近，按理来说，他也应当急速动员军队渡淮河来阻止汉王的进击才是，可是英布却一直隔岸观火，只是看着彭城被汉王刘邦拿下，这更不应该是臣下对君主的态度。随何还提出质疑，像英布以这种糊弄人的手法去欺骗项羽，口口声声说是项羽忠实的老部下，是项羽一手培植出来的，但又拥兵自保，不让自己的实力有丝毫损失，项羽当然早就看得出来他这种虚情假意了。

　　见到英布已经被他说得完全没有了刚才的气势，而且脸上露出十分难堪的表情，随何随即接着又说："我当然知道您对项羽不是心悦诚服而只是屈服。您不敢背叛项羽的主要原因，是因为您以为楚强汉弱，其实您要这样想就错了！楚国虽然强大，但是有着天下共伐的暴君，他背弃盟约、焚城屠县、坑杀降卒，作恶多端，老百姓都恨不得要剥他的皮，吃他的肉，这种强只是外强中干，随时都有灭亡的可能。而汉王刘邦就不一样，汉军是仁义之师，大军所到之处，秋毫无犯，从来不会烧杀抢掠，坑杀降将，老百姓见到汉军到来，都夹道欢迎，真可说是天下归心，四海悦服。就现在来说，我们虽然势力比较弱小，但也坚守曲阜、荥阳，保有关中、巴蜀，这也使得楚军不敢轻举妄动。反过来看，楚军孤军深入，粮草需经千里转运补给，虽然想以强攻打算速战速决，但是总是捉不到良机，想攻城却又坚守难拔，进不能解决战局，退不得遏制敌军，楚军虽然强势，但是不足畏惧。再者，退一万步来说，纵使楚军打败了汉军，天下诸侯见楚军独自称霸天下，一定会惶惶不安，而您与项羽在之前就有紧密联系，只怕接着就轮到您了！您还不如与汉王结盟，项羽的灭亡一定离着不远了，这不仅是为天下苍生谋福祉，更是为您自身谋前途啊！"

英布终于坐不住了，他此时已经被说得汗流浃背，他也认为随何说得不无道理，但是他认为以他现在的实力，与项羽难以抗衡。

随何立刻与他将计划说了一遍，英布可以起兵反楚，项羽必定调集大军回防与他的军队周旋。有英布牵制着项羽的军队，汉王刘邦就可以大破楚军了。随何还利用利诱，他说等到英布和汉王打了胜仗，之后按功论赏，他将不只是拥有淮南一地而已，王位也可更加稳固了。九江王英布听随何说得头头是道，而且直中要害，所以他仔仔细细地考虑很久，最后决定暗中帮助刘邦，但是他让刘邦暂时保密，不能宣扬出去。

这时候，项羽突然派使者前来，催促英布立刻发兵助楚，并责备英布没有尽到君臣的义务。英布还没有答话，随何立刻抢先说了："九江王已经和汉王刘邦联盟，跟项羽还有什么君臣之义可言？项羽也只不过是个王侯而已，哪里有什么权力命令征调淮南的大军呢？"

楚国的使者刚刚在进入英布的议事大厅之时就看见英布和随何在聊天，心里已经是很吃惊了，本来打算没传完话就走的，可是项羽军令森严，如果自己话未传到，回去必定死罪难逃。只好硬着头皮把话说完。而现在他听随何这么说，果然和自己所想的一模一样，赶紧拔腿就跑。英布知道使者如果就这么走了，什么都瞒不住了，只有一不做二不休，先杀了来使，再起兵抗楚。

项羽后来接到军情说英布造反，就赶忙派大将项声、龙且分兵包围淮南，双方展开激战，相持了几个月，后来因为楚军兵多，淮南地区的城池接二连三地失守，最后只剩下国都城九江这个地方。英布生怕城池攻破之后被杀，就带着随何突围而出，逃到了荥阳。

当英布拜见刘邦的时候，刘邦正坐在床上洗脚，见英布进来了，只是用手指了指旁边的椅子让他坐下。英布见这情景真是又悔又怒，一句话没有说，转身就走。等到了帐外，他拔出佩剑就想要自杀。随何慌忙赶了出来拦住了他，询问他自杀的原因。英布愤怒地把刚才所见的情景大致说了一遍。随何听完了英布的讲述之后，哈哈大笑，认为英布是不了解刘邦。因为汉王刘邦做人向来如此，不管对谁都是大大咧咧，从来不拘小节。而且今天晚上他喝了不少酒，正在洗脚准备上床睡觉的时候，听说英布来了，急着要见他，所以就连衣冠也不整理一下就急着让他进去了。英布这时候才觉得自己实在是太冲动了，还没有弄清事情的真相就要了结自己的生命，真是差点就这么样糊里糊涂地冤死了，于是急忙回到了帐里向刘邦请罪。正当英布离开营帐回到自己的住处之时，发现刘邦为他准备的物件摆设和刘邦自己帐内的如出一辙，十分感动，从此之后英布就死心塌地地辅佐刘邦。

安定局面的计谋

正当刘邦和项羽在荥阳、成皋一带对峙的时候，刘邦为了项羽的军队经常劫夺他们的粮饷，截断自己的后勤补给，使得汉军运补维艰，感到十分烦恼。

有一天，刘邦突然和郦食其谈起这件事情，他想向郦食其问计，看看他有什么办法破敌。

郦食其认为，刘邦可以从史实中检举他们的得失，排除失败的因素，善加利用。之前夏朝的桀昏庸无道，被商汤所灭；商纣王昏庸无道，被周武王所灭，但是他们的后代却都受到封赏，使他们永远感恩戴德，真诚拥护，所以商汤、周武的基业才得以坚固。而现在暴秦的作风也是如此，自从灭了六国以后，秦朝竟然连他们的社稷也一起毁掉了，六国王室贵族的后裔一定会很怨恨秦朝，一有机会，就想摧毁这个暴政，所以秦朝仅仅传到了二世就被推翻了。郦食其建议刘邦能够效法前人，分封六国的后人，他们一定会对刘邦感恩戴德，全力效忠，到时候四海归心，刘邦也可以在南方称王，项羽也会低头臣服。

这个计谋让刘邦听得拍腿叫好，他立刻派郦食其去铸造大印，全权处理这件事情。有一天正在刘邦吃饭的时候张良求见，刘邦十分激动地把郦食其这个办法和构想告诉了张良。

没想到他却认为如果刘邦这么做的话，就把他的前程全毁了。刘邦听了吓了一大跳，他不明白张良说的是什么意思。

于是张良就进一步给刘邦解释清楚，说他可以至少指出来七八点这个办法的不足之处。

第一，这个办法错的最大的地方就在于，分封的对象不一样。桀、纣被灭之后，汤、武是因为自身的力量可以控制整个局面，才敢于去封赏桀、纣的后人。而刘邦自己的力量弱小，光是项羽一个人，就可以让他日夜担忧，已经没有任何精力再去控制天下了。

第二，周武王攻克殷都之后，立刻赐予匾额表彰商容，又重修比干的坟墓，表示对他们的尊敬，但是现在的情势，不容许刘邦如此的做法。

第三，武王能把存储粮食的仓库和鹿台的财宝都分散给穷苦的老百姓，而这一点刘邦却做不到。

第四，周武王灭纣以后，就把兵车都改为民车，兵戈甲胄藏在了宗庙，表示天下太平，这些战具将永不再用。以目前的情势看来，刘邦更是做不到。

第五，武王灭殷之后，在全国各地开办学校，发展教育，这种化干戈为玉帛的太平盛世景象，刘邦也是不能效仿的。

第六，周武王还把那些战马全都放到华山南麓去，表示永不作战；让牛群放牧在桃林的荒野，表示不再用它来运输战时的粮草、辎重，这一点刘邦也做不到。

第七，追随刘邦的一些智谋之士、军事人才，他们背井离乡，转战各地，大都是希望功成之后，能获得封赏，可以荣归故里，光宗耀祖。如果刘邦就这么把土地分封给那些封建残党，但是追随他的那些功臣烈士，他们冒险犯难、出生入死，对刘邦都是一片忠心，如今却没有他们的份，心里一定不是滋味。赏罚不分明，是犯了大忌。

第八，就算这批人不是为了功名利禄而来，可是他们都想回到本乡本土去当个一官半职，以便和家人团圆，免得东奔西跑，在刀口上讨生活，一旦听说他们的本国已经换了主人，没有人再愿意跟着刘邦去打天下了。

第九，刘邦想这么做也可以，但是首先要保证自己的力量能够压得住项羽，否则即使刘邦再分封，诸侯们还是会跟着项羽走的，前不久的彭城事件就是很好的教训。

张良说完这九点之后，很严肃地跟刘邦说，如果他真的这么做的话，那么，他的前途和基业将不复存在了。刘邦听后，饭也吃不下去，惊出一身冷汗，十分感谢张良的提醒，赶忙放下饭碗，立刻下令停止铸印，这才避免了一场未来的政治祸害。

刘邦虽然从善如流采纳了张良的意见，不再分封六国后裔，但是缺粮的问题还是存在。他决定暂时和项羽谈和，声称自己只要拥有荥阳以西的地方就够了，绝对不再向东进犯。而项羽本来打算接受刘邦的条件，但是范增极力反对，范增认为一定要趁现在汉军穷困，容易对付的时候将刘邦铲除，再让他有休养生息的机会，日后就更难征服了。项羽这时候也想到了彭城的事情，于是决定撕毁谈判，继续进兵，再度围攻荥阳。

刘邦见到和议没有成功，而且再度被围困，心中十分担忧，希望陈平能够有好的对策，陈平想了想，就说："项羽待人十分有礼，毕恭毕敬，而且善于施舍小恩小惠，但舍不得行大赏、封爵邑。大王您虽然喜欢骂人，但是依然有人来投靠您，这全是因为大王您放得开，出手大方，高官厚禄随手赐给下属，毫不吝惜，所以自然有人愿意效死。但是，大王如果能去掉自己的缺点，学习项羽的长处，前来投效的人一定会更多，如此一来，实力自然增强，再利用项羽的弱点，施用反间之计，派人到楚地散播谣言，说项羽面前最亲信的大臣，如范增、钟离昧、龙且、周殷等人，屡建大功却仍然得不到赏赐，惹得天怒人怨，已经和汉军有紧密联系，准备来个里应外合，灭掉项羽，然后再和汉王均分天下。项羽本来就拿不定什么主意，听到这些谣言，心中一定会对他们猜忌，逐渐和这些人疏远，甚至于让他们自相残杀。到了那个时候，我们再挥军破楚，项羽一定会被击败。"刘邦觉得陈平的主意不错，就拿出四万两黄金交给陈平，要他组织特务机构，派出大批人员伪装成各行各业的人，潜入楚地，大肆散播谣言。

事情果然如陈平所料的一样，项羽听到这些谣言，对龙且、钟离昧等人渐渐疏远，并且派出了特使到汉军去刺探消息。

这个时候刘邦故意准备了丰盛的酒宴，十分热情地来接待来使，等见了面，故意装作大吃一惊的样子，说还以为是亚父（范增）派来的使者，没想到却是项羽的使者之类的话，还立刻让人撤下酒宴，换了一桌十分普通的菜。使者回到楚国之后，把经过的情形向项羽报告，项羽果然中计，对范增起了疑心，将他的权势大为削减。

别看范增这人年纪大了，但是肝火旺盛，自己殚精竭虑地为项羽苦苦策划，没有打算向他去邀功论赏，项羽竟然还怀疑自己跟敌军有联系，实在是忍受不住，他立刻气冲冲地对项羽说："项羽，没想到你竟然这么不成熟，中了别人的离间计还不知道！好吧！既然你的天下已经打出来了，我希望你好自为之，反正我这把老骨头留在这里也没什么用，请你就准我回家吧！"项羽早就希望他这么说了，所以连半句打算留他的话也没说，立刻就答应了。范增又气又闷，结果走在半路，患了背疽（背上所生的一种恶疮）死去了。

范增是一个深谋远虑的旷世奇才，虽然可能比不过张良和陈平这样的人才，但是张良与陈平的计谋大部分都被他识破了，项羽有他在身边不至于吃大亏。现在，这唯一的智囊离开了，项羽就好像在怒海中航行的小船，突然失去了罗盘一样，虽然不能说这就是日后项羽失败的决定因素，至少它加速了项羽的败亡。

这个时候，项羽已经被反间计搞得失去了主心骨，自己还浑然不知，反而为范增的出走感到很庆幸，他认为只要范增一走，汉军就失去了耳目，就可以加快围攻荥阳的攻势。

楚军猛烈的攻势一发动起来，刘邦也受不住，经过了几番的冲杀，优劣之势立刻显现出来。刘邦焦急万分，眼看荥阳就要失守，幸好陈平及时献上了一计，使得刘邦得以安然脱困，但这也是在范增离去之后才得以顺利完成的。

正在楚军把荥阳围得水泄不通的时候，突然刘邦派人到楚军请降，项羽得知，大笑不止，心里也在得意，他认为，没有了范增，自己一样也能杀得了刘邦，因此很快地就答允了。

使者求降后不久，只见城门大开，涌进来好几千个难民。楚军的目的不在他们，所以自动让开一条路，但是仍然是严加戒备，用来提防难民中混有的汉军突然发动袭击。那些难民走了老半天，并没有出什么意外，楚军也就不管他们，仍然紧密地注意着城门，准备等候刘邦的出降。

等了没一会儿，一辆黄帷锦边的马车过来了，楚军见是汉王的御车，一时欢呼雀跃，以为终于擒住了刘邦，从此可以返乡过安定的日子了。这时候项羽也亲自骑着马过来看，等到行近马车才发现里面坐的不是刘邦。盛怒之下，一把将车上的人给揪了下来，问刘邦去哪里了，而他又是什么人？那人被揪下车来倒也不惊慌，从容不迫地说："我是纪信，汉王早就出城回关去了，你手下的那群饭桶，竟然连汉王都认不出来！这也难怪，谁叫他们跟随这么一个笨蛋呢？"说完又是一阵狂笑。项羽本来已经是火冒三丈，经他这么一骂，更是怒不可遏，立刻叫人堆起柴火，把纪信活活烧死。

原来，陈平所献的计，是偷龙转凤的计谋，他见到荥阳危在旦夕，就找了个相貌与刘邦很相似的纪信来做替身，穿上汉王的衣服，另外派使者向项羽请降当作借口，而真正的刘邦早穿着破旧的衣服混在难民群中顺利出关去了。张良、陈平与樊哙等人也是同时夹杂在难民中蒙混出城，刘邦这几个人一出城就加紧脚步逃往成皋，而奉命留守的则是大将周苛、枞公及韩王信、魏豹。

周苛等纪信一出城，就再度把城门关了起来，项羽在烧死纪信以后，又率军猛烈攻城。周苛心里盘算着："魏豹这个人，他现在会站我们这边，只不过是因为兵败被俘，怕被刘邦砍脑袋才假意投降的，而他真正的目的是因为妻子薄姬被汉王接收过去，所以早就对汉王十分怨恨。现在汉王走了，留下这个家伙一起守城，说不定他会趁机暗通楚军，里应外合，把我们给出卖了。不如趁早斩草除根以绝后患。"于是周苛就找来枞公商量，当下就找了个借口，把魏豹给杀了。

打这之后，城中的上下将士都坚守荥阳，楚军方面由于刘邦已经远去，猛攻一阵也没有什么收益，更是无心恋战，只好撤军。荥阳就在这种情况之下没有被攻陷。

与项羽的决战

刘邦从成皋入关之后，就整编溃散的军队，打算再联合荥阳，再作打算。这时候，刘邦手底下有个叫辕生的人劝刘邦使用迂回战术，暂时放弃被困了两年的荥阳，而兵出武关，项羽必定移师南下截堵，到时候再利用兴建防御，坚守不战，拖住楚军，让荥阳、成皋的汉军获得喘息的机会，然后再由武关回荥阳。这样一来汉军处处主动，占尽优势，至少在短时间之内不会再像以前一样处于挨打的地位了。

刘邦接纳了辕生的这个建议，于是刘邦出兵，故意引楚军南下，项羽果然中计，撤回包围荥阳的兵力，迎战刘邦。但是刘邦却一直都躲着不肯出战，气得项羽暴跳如雷，跺脚直骂。

没过几天，项羽接到紧急军报说彭越渡过淮水在下邳和楚将项声、薛公的部队开战，结果楚军大败，都城彭城也快保不住了。项羽一听自己的后方再度陷入危机，就再也顾不上对付刘邦，立刻抽回围困刘邦的部队，飞速赶回彭城防守。

原来，在彭越这边，他自从受到刘邦的重托，就把他的部队编成游击、突击、扫荡的流动军，一会儿聚零为整，一会儿又化整为零，出没在鲁、苏、豫、皖边区，经常把楚军后方的粮道截断，使项羽的军事行动受到很大的牵制。等到楚军把大部队开到河南腹心地带，消灭了九江军，进攻荥阳的时候，彭城几乎成了一座不设防的城市。

等到出现这个绝佳时机，彭越马上率领部队全力向彭城攻击，在下邳附近碰上项声和薛公的部队，双方大战一场，结果项声败逃，薛公阵亡，彭越的军队直压彭城城下。

项羽收到彭城危机的军情立刻赶回来防守，哪知道彭越却根本不理他。尽管项羽的如意算盘打得很响，却始终找不到交易的对象。彭越一听项羽亲自带领军队回来防守，知道打硬仗自己绝讨不到便宜，于是又采取老办法，化整为零渡过淮水，向谷城一带散走。

项羽回来的时候，彭越的军队已经撤走了。项羽见到彭越军队可能是害怕自己的威名而逃走，又即刻马不停蹄地再攻荥阳，一声令下，每个将士都奋不顾身，拼死攻城，最后终于拿下了荥阳，活捉了周苛、枞公和韩王信。

项羽也是很爱惜人才的，他看到周苛、枞公二人气宇轩昂，英姿飒爽，就希望他们能够投降自己，而封他们为上将军，赐禄三万户。周苛大义凛然，他将项羽破口大骂一顿，不仅不领他的情，还说项羽根本就不是汉王的对手，败亡只是迟早的事。项羽被说得勃然大怒，马上叫人把他丢进油锅里煮了，又回过头来问枞公，枞公也十分忠于刘邦，压根就没有看过项羽一眼，项羽顺手就是一刀。韩王信在一旁看得浑身打战，不等项羽开口，就连连点头嚷嚷着投降。

荥阳被攻破之后，项羽立刻挥军指向成皋。刘邦见楚军再度气势汹汹地杀了过来，吓得不敢停留，立刻和夏侯婴共乘一车连夜逃往韩信的大本营广武。

等到了广武，天还没有亮，刘邦就直接召集诸将领重新分派职掌。韩信和张耳起床之后才发现刘邦过来了，十分吃惊，但是刘邦已经将兵符、将印都收回去了，而又派韩信率领赵军（即原来陈余的部队）东收齐地；张耳回邯郸坚守赵地，到了这个时候，两个人就算有满腹的怨言也不便说出，只好依命行事了。

这时候，郦食其见刘邦派韩信征齐，想要再争个功劳，就自请为特使到齐国去招降，刘邦也不反对，就派他到临淄，没想到功是争到了，却送掉了他一条老命。

原来，郦食其见了齐王田广，就操起他那三寸不烂之舌，说动了田广，但是田广不敢独自作决定，找来叔叔田横商量。而田横认为，以他们的实力既然不可能与楚、汉争霸，只有找一边来依附托身，以免日后被任何一方给灭掉，而他们田氏一族，多年来一直和项家相处得不是很好，只好听郦食其的话依附刘邦了。于是，下令田横驻守历下的两支部队解除戒备，而且还摆了一桌酒筵款待郦食其，又派使者到刘邦的驻地称臣。

韩信听说刘邦已经派郦食其说降了齐国，就打算在平原停止进军齐国，不打算再东进，但是他的帐下有个叫蒯通的参谋却劝他继续进军，不要受郦食其的影响。

蒯通对韩信说："将军，您奉旨伐齐，现在汉王虽然另外派人说降了齐国，却始终没有第二道命令要您停止进攻，我想您还是照常进行好一点。而且郦食其只是一个文弱书生，就凭着他的三寸不烂之舌就能一下子就招降了齐国七十余座城池；而将军您带领几万兵力，为汉王出生入死，赴汤蹈火，才攻下了赵国的五十多座城池，这让别人看来岂不是您不如那个只会逞嘴上功夫的人了吗？如果您不愿意屈居那个老穷酸的底下，不想受到别人讽刺的话，乘现在齐国已经撤离军备的绝佳时机，长驱直入，扫平齐国，还可以建立自己的功业，也免得总是被别人呼来喝去的，动不动就被撤职，随时还有被谋害的危险。"

本来，韩信受了汉王的命令派自己攻打齐国，但是又派郦食其去劝降，竟然连通知一声都没有，原本内心已经愤愤不平了，现在经蒯通这么一提，立刻就率领大军渡过黄河，直扑历下（今山东济南），不费吹灰之力就占领了历下，再分兵两路包抄临淄。田氏叔侄一听韩信进兵历下，不禁吃了一惊，立刻找来郦食其询问，又命他写信给韩信，立刻停火。但是现在韩信懒得理他，田广又怒又惧，一气之下把郦食其放进油锅里烹了，然后再带领部队退守高密。

但是现在情势十分紧急，齐国迫不得已，只能向项羽求救，项羽派遣龙且率领大军30万，昼夜前往高密，准备和韩信来个大会战。

就在这时候，龙且的部下劝阻龙且，说汉军远道而来，最希望的就是速战速决，以免后勤补给被切断导致人困马疲。最好能针对这一点，暂时坚守不战，还可以再派人潜入沦陷区，组织齐国人民进行抵抗和暗杀的行动，这样就可以让汉军连粮草都弄不到，人心惶惶，自然就可以不战而胜了。

其实这些言论十分有道理，但是龙且根本就听不进去，他只认为韩信只不过是个胯下受辱的懦夫，他不可能懂得怎么去用兵，而且对付一个小小的韩信，这么大费周折地取胜的话，自己的面子就全给丢光了，这更显不出自己的英勇善战。所以龙且压根就没把韩信放在眼里，只是积极地准备会战。韩信听到项羽派龙且过来救援齐国的时候，心里暗自发笑，马上乘夜派人用沙袋把潍水堵住，引军从下游渡河，攻入楚军阵地，接着又故意败走。

龙且只觉得是自己英勇善战，不知道这是韩信的计谋，就带领着大部队立刻渡河追杀韩信，直到龙且的军队大部分还都在河中，只有一小部分登上岸的时候，韩信一声令下，汉军将上游的沙袋移开，立时急流迎了过来，冲走了无数的楚军。而龙且却和一小部分军队渡河上岸，进退不得，当下胆战心惊了，左冲右突但是还是无法突出重围，最后由于气竭力衰，战死在潍水的右岸。韩信急于追击残余的楚军，俘虏田广，再派灌婴、曹参领兵继续追击田广、田横等残留部队，完全占领了齐国的土地。

这时候，刘邦刚刚支走了韩信和张耳，自己也是摩拳擦掌，跃跃欲试，打算用广武的这支兵力和项羽一拼。这时候，刘邦手下有人劝阻刘邦不要和项羽的楚军硬碰，用迂回战术跟项羽兜圈子才是上策。

当然刘邦自己也心里清楚，自己手头上的兵力还不够，他就派将军刘贾、卢绾率领两万步兵和几百匹马队从白马津悄悄进入楚地，与彭越的游击队接头，困扰楚军的后方，烧毁楚军的粮草。彭越得到了这支援军的支持，当下就占领了睢阳、外黄等地的17座城池。

这个捷报传到前线的时候，项羽一听又是彭越在后面捣乱，决心要手刃了这个总是偷袭的小人。于是项羽立刻召集海春侯大司马曹咎、塞王司马欣，告诉他们彭越趁他们不在的时候再次蠢动起来，已经攻下楚军的17个城池，自己如果不回去恐怕后方会产生危机。项羽吩咐成皋就交给他们两位守城，不管刘邦怎么挑衅都不要理他，只管坚守，不要出战，只要守个十天半个月，项羽就可以赶回来再收拾刘邦。项羽吩咐完了之后马上带领部队回到豫东，没过多长时间，又把彭越辛苦多时抢到手的17座城池一口气全都给夺了回来。

刘邦得到项羽领兵东归的消息，担心彭越招架不住，等到项羽西向之后，汉军一定会吃大亏，所以他就想放弃收复成皋、荥阳的计划，打算退保洛阳、巩县。

那个时候郦食其还没有到齐国去当说客，当他知道刘邦想丢弃成皋和荥阳的时候，就赶紧劝他说，民以食为天，敖仓是上天赐给万民的谷仓，项羽却不懂得好好珍惜，得了荥阳却放弃敖仓，把大军调回豫东，只留下曹咎和司马欣守住成皋，希望刘邦好好把握这次的大好时机。

刘邦没有听明白郦食其到底想要表达什么，郦食其进一步说，自古以来，一山不容二虎，现在楚汉相争，僵持了好几年还是没有分出个胜负。而在这些年的战争期间，民不聊生，人心惶惶，他们不知道自己是投奔汉还是跟着楚，如果刘邦能趁项羽不在的时候攻下成皋，夺取荥阳，占据敖仓这个食粮的来源，守住白马津，截断太行山的通道，紧紧扼守关口，凭借这些地利，退可以和项羽平分天下，进还足以使天下诸侯都看到最后的胜利属于刘邦，这样他们就会自动过来归附。

于是，刘邦就听从了郦食其的话，带领军队包围了成皋，软硬兼施，想要逼曹咎、司马欣出城应战。不管他使用什么样的手段，曹咎和司马欣两个人一直都没有搭理他。

眼看离着项羽回来的时间越来越近，而这两个老家伙仍然闭门不出，十分焦急，于是他拿出自己没成大业之前的看家本领，派了一批士兵，赤裸着上身，坐在城下轮番对他们两个进行辱骂，而且言词十分难听。

曹咎刚开始还能忍受下去，但是后来越听越不像话，气得胡子直上翘，最后他实在忍不住了，怒火冲天，他也顾不上项羽临行时的嘱咐，领了一支队伍杀出城去。司马欣怕他有所闪失，也连忙带了一支部队赶来，可是两人出城没有多远，就被汉军隔开，分别击破了。

刘邦很快就收复了成皋，然后就趾高气扬地继续前进，以五倍的军力包围在荥阳东面的钟离昧，打算消灭他的兵团，以蚕食方式削弱项羽的军力。

而这个时候，项羽的大军已经收复了豫东，当他听到成皋失守，曹咎、司马欣两个人都自杀身亡的消息，当下就移兵西进，正好救了钟离昧，把刘邦挤到广武（今河南成皋东北）地区的一个角落里，正想将这个地痞流氓斩草除根的时候，突然又接到来自齐国的军情，说韩信击败了龙且的30万援军，楚军全军覆没，整个齐国都被韩信占领了。

因为齐楚这两个地方是相邻的，项羽现在倾巢而出，后方一度空虚，而现如今韩信攻下了齐国，这就等于在楚国旁边放置了一颗定时炸弹，项羽对此十分在意和担忧，而且以游击形式作战的彭越等到项羽大军一走，立刻又折回来，到处截断楚军的粮道，袭夺辎重，抢烧，行踪不定。项羽对他既抓不着又拿不住，对这种游击战术无可奈何，所有后来进攻刘邦的军事行动也就缓了下来。

现在的情况是，自己的粮草断了，背部又有敌兵时刻准备进攻，项羽现在是真的着急了，他现在很后悔中了刘邦的反间计，害死了自己的左膀右臂范增，要不然不会沦落到这个地步。

项羽认认真真地考虑了半天，终于还是想出了一个计策。

项羽立刻让人把刘邦的父亲刘太公从牢里提了出来，绑在高架上，旁边烧了一大锅的开水，推到阵前，告诉刘邦，如果再不投降的话，就把他的父亲扔到锅里去。

对面的刘邦听了之后，却毫不在乎地对项羽说："咱们俩在怀王面前，曾经约定做个好兄弟，我的亲爹就是你的父亲，如果你真打算煮了你的父亲，那么就留一碗让我也尝尝是什么味。"这时候，项羽跳起来骂刘邦毫无父子之情，没有人性，就打算把刘太公扔入滚锅里去。

幸好有项伯相劝，说打天下的人心肠都很硬，完全不会顾及家里人的死活，就算杀了他的父亲，对项羽也没有什么好处。于是项羽忍着怒气将刘邦的父亲刘太公押回了俘房营。

又过了几天，项羽等得不耐烦了，又向刘邦喊话说："现在楚汉相争已经有四五年了，天下的百姓饱尝战乱之苦，说来说去还是因为我们两个。这样，我跟你一对一分个胜负，你赢了我向你投降，你输了就投到我的帐下，免得无辜的老百姓吃苦，你看怎么样？"

但是刘邦哪里肯吃他的这一套，就说我宁愿斗智不斗力，也没工夫和项羽比武决斗。项羽听了之后十分生气，就叫几名壮士到阵前挑战，却被汉军中的神射手一箭一个地射死在阵前。项羽见到这个情况勃然大怒，立时催动乌骓马，披甲执戟，奔到河边，向着对岸在楼顶的弓箭手大喝一声，声如霹雳，楼顶的弓箭手吓得箭也忘了发，慌忙拖进楼里，再也不敢出来。项羽又大声骂道："刘邦，有种的就出来和我决一死战！"

刘邦现在可不那么傻，他悠闲地列了项羽的十大罪状，认为现在已经不值得和像项羽这样的人一决生死。

项羽忍受不住刘邦这种乡野村民的惺惺作态，立刻急速发了一箭飞向刘邦，只听得刘邦"哎哟"了一声，以为射中了刘邦的要害，但刘邦说只是射中了他的脚指头。本来刚才的那一箭正好射中了刘邦的胸膛，疼得他几乎站立不住，可是又怕项羽知道他身受重伤，不顾一切冲杀过来，一切就都结束了，所以他才咬着牙说射到了脚指头了。等到众人将他扶进帐中，他疼得躺下都困难。就在这时，张良劝刘邦勉强起来声援军队，以免军心混乱，刘邦也知道这是生死存亡的关头，只好堆着满脸的笑容，咬牙扶伤出去巡视，汉军见到刘邦行动如常，都还以为那一箭真的射到不要紧的地方，也都放心下来。

就在这生死关头，韩信却派了一个使者来向刘邦报捷和"请示"。韩信已经占领了齐国，虽然齐国已经被平定，但是齐国的老百姓强悍刁蛮，而且在地理位置上又接近楚国，最好能立个暇王（代理的意思），赋予权力，可以方便镇压。

刘邦听完使者的话，立刻明白了韩信是什么意思。他这是明摆着自己要自立为王。于是刘邦斥责韩信说："我现在处于这种境界，一直希望他能够发兵解围，等了那么长时间，却一直没见动静，原来他是打算……"这时候，站在他身旁的张良和陈平生怕他再说下去会把事情搞得不好收场，慌忙暗中拉扯刘邦的衣服，小声告诉他说："现在我们正在困境当中，不能再有其他的事情了，既然韩信的意思那么明显，就做个顺水人情，让他一心在那里防守、镇压，免得出乱子。"听完他们的话之后，刘邦立刻就明白了，马上转口对使者说占领地盘，建立大功，韩信本来就应当封王。于是当场派张良为特使，封韩信为齐王，并且调动韩信的部队，一起向楚军夹击。

这下项羽可是吃了苦头了。他腹背受敌，而且中间还有个彭越总是打游击，时不时骚扰一下，后来就接受了刘邦的建议，放回他的父亲刘太公和妻子吕雉，双方划定以鸿沟为界，以西归汉，以东归楚。

霸王之死

当项羽和刘邦划下了两国的界限之后，他就做撤兵关中的部署，这时候张良和陈平一起向刘邦建议说："大王您既然已经拥有半壁江山，诸侯也会多听命于您。但是现在项羽方面，兵疲粮尽、士气低落，现在正是消灭他的最佳时机，如果不好好把握住，给他来个彻底的解决，错过这次机会，将会给自己留下无穷的祸患，请大王好好考虑考虑。"

刘邦虽然打算撤退，但是心中早就有这个想法了，所以他除了通知韩信、彭越在固陵（今河南太康县南）一带会师外，自己也率军奋起直追。

汉五年初，就在和约成立后的第二个月，刘邦已经追击到了阳夏（今河南太康县）的南方，但是一直看不到韩信和彭越两军的踪影，当他抵达固陵的时候，全然已经孤军深入，陷入了楚军的核心，遭到项羽的全力反击，只好凭借着天险，坚守不出了。

没过几天，刘邦就坐不住了，他十分怨恨地对张良说："彭越借着魏地初定，自顾不暇的借口，不敢和项羽打硬仗，一直都不肯来帮我忙，而韩信更是连个回信都没有，他们这是想隔岸观火，等着我失败，我这下可真的要完蛋了！"

张良却说："大王，这个也难怪他们会这么做。"接着他冷静而乐观地分析道："现在彭越和韩信心里都清楚，这一次会师，项羽绝对是必死无疑，但是到现在为止，他们还是没有得到明确的分封地盘的命令，所有的只是表面的口谕，得不到半点实惠。他们一定会想，现在项羽还活着，那么大王对他们的态度既然已经都这样了，如果项羽败亡，他们两个自然是失去了利用的价值，情况会更加糟糕，如果我猜得没错的话，他们现在的意思是，与其击溃项羽，还不如留着他来得稳当。而这应该就是他们不肯会师的最关键的原因，大王您只要肯立刻拿出事实来证明，如果打垮了项羽，绝对把占领地公开，让他们两个都满意，他们就可以立刻派兵前来接收。还有，韩信被封为齐王，这本非大王的本意，韩信也一定看出来了，而至于彭越在平定梁地时立下汗马功劳，但是您为了要酬谢魏豹，只是让彭越屈居丞相的位置，而现在魏豹已经死了，彭越觉得他顺理成章地可以为王。但是大王您一直没有让彭越得到他想要的，如果您立刻发表命令，封彭越为梁王，把睢阳（今河南商丘市南）到谷城（今山东东阿县）全都划到他的统辖范围；再封韩信为楚王，把陈以东到沿海都划分给他，他看到自己的故乡成了自己的封地，心里一定很感激大王。从此他们两人一定会衷心感激您的恩德，同时他们也会为了保护自己的利益，认真各自备战，能够与我们采取相同的行动。如果这样的话，项羽就是再折腾，也只有死路一条了！"

张良的这一计策一出手立刻就见到了效果。韩信、彭越立刻发兵攻楚。加上镇守九江的楚军大司马周殷突然倒戈，与汉军刘买相互沟通，迎接英布回到九江，这也就斩断了项羽的犄角，这让项羽在短短的两个月时间之内就被逼退到垓下（今安徽灵璧县东南），一度陷入重围。项羽自打从江东起兵之后，从来没有这么一败涂地，而他的心情更是烦乱不已。

这一天的晚上，项羽呆呆地坐在帐中，听到外面凛冽的风，喝着虞姬刚刚给他斟下的酒，突然隐隐约约听到从外围的敌军阵地里传来一阵阵的楚歌声，项羽十分吃惊地问道："这是怎么回事？汉军已经尽占楚地了吗？怎么会有那么多的楚人呢？"说完之后，项羽一阵叹息，遥想当年峥嵘岁月，而现在却是身陷重围的垓下。

于是，项羽不禁唱起一曲悲歌："力拔山兮气盖世，时不利兮骓不逝。骓不逝兮可奈何，虞兮虞兮奈若何！"项羽的歌声刚落，虞姬立刻也唱着歌相和："汉兵已略地，四面楚歌声，大王意气尽，贱妾何聊生！"虞姬唱完，拿过项羽的佩剑自刎而死。

于是，项羽轻轻地抱起虞姬的身体，看着她那美丽的脸庞，哭着说道："虞姬啊……你就好好地去吧！"说完之后，项羽已经泪流满面，不能自拔。俗话说，男儿有泪不轻弹，只是未到伤心处。项羽擦干了脸上的泪水，安置好虞姬，就立刻趁着寒冷的夜晚，带领八百多名精壮骑兵突围而出。项羽此时是十分勇猛，他一骑当先，将汉军冲得七零八落，溃不成军，汉军只能紧紧跟在项羽的身后追赶。

项羽冲出了重围，渡过淮河抵达阴陵（今安徽定远县西北）的时候忽然迷路了，这个地方本来就很荒凉，而且人口十分稀疏，加上连年的战乱，已经没有什么人了。项羽费了九牛二虎之力才找到一个老农，就连忙赶过去问他去往彭城的路。这人一见是楚军，心里对他们很是怨愤，就只是往左边指了指，项羽就急忙骑着乌骓马向左狂奔。后来项羽突然发现路越走越狭窄，后来才知道自己被那个老农骗了，不知不觉已经走到了一片沼泽的边缘。

项羽带着一腔悲愤想调头向回走，哪知正好遭遇到了追赶过来的灌婴，项羽清楚现在是敌众我寡，不敢恋战，且战且走，退到了东城（今安徽定远县东南），当他清点人马的时候，才发现只剩下了 28 个人了，此时汉军的数千名骑兵则正从四面八方远远包抄过来。

项羽看到此情景，不禁黯然神伤，他突然又坚定了眼神，对大家说："自从我项羽起兵到现在，身经大小七十多次战役，只要和我交手的非死即降，从来没有像现在败得如此惨烈，想我今天被困在这种地方，不是我项羽不会领兵打仗，而是老天存心要我死。好！那现在我就再露两手给你们看看，证明我说得到底对不对！"于是项羽立刻下令将骑兵分为四组奔驰而下，冲出重围之后在山的东坡会合。

项羽突然一声狮吼，疾驰着冲下了山坡，汉军哪里抵挡得住他的勇猛，立刻被冲散，项羽抖擞精神，一戟挑翻一名汉将，手起剑落，斩下他的头颅。汉军有个将领叫杨喜的，见到项羽败得如此惨烈之时还有这么大的精神，十分不服，就赶过来想要缠住他，回头也好争个大功。谁知道他刚过来，被项羽转身一瞪，一声怒吼，居然屁滚尿流，慌忙逃走了。这时候，项羽已经和其他的骑将会合，分成了三组，汉军也搞不清楚项羽在哪里，只好分成三队包围，项羽却仍在重围中酣战，又击杀了一员汉军都尉官和一百多名士兵。当项羽清点人数的时候，发现只是伤亡了两个人而已，于是他又抖擞精神，带领他们四处突围，终是杀出了一条血路，逃到了江苏与安徽交界的长江口岸乌江浦，这时候项羽才松了一口气。

正在项羽愣神的时候，突然岸旁有人在叫他："项王，请您快点上船,后边的汉军马上就要追上来了,您快渡江吧！"而项羽却站在那里纹丝不动，那个人催促项羽上船，可以回到江东，到时候可以东山再起。那边的地方虽不大，但是也有几千里土地和几十万人马，将来还是可以与刘邦对抗的。

这时候项羽这才发现江边的那条船，而和他打招呼的正是乌江亭长，项羽应了一声，看着这浩瀚的江水，突然叹了口气，对他说："看来，这是老天注定让我灭亡了，纵使渡过江去也不会东山再起了，想当初我项羽率领江东 8000 兄弟渡江起兵，所向披靡，无人能敌，但是现在却弄得全军覆没，而我独自回去，纵使江东父老同情我，继续拥立我为王，我又拿什么来面对江东父老呢？这不是让我项羽一辈子都愧疚吗？算了，我不过江了，我这匹乌骓跟着我南征北讨多年，今天就送给你了！"项羽刚刚说完，后面一阵沙尘飞扬，带着一片杂乱的马蹄声和鲜红的大旗，缓缓地由远而近。

项羽见是汉军追上来了，就立刻把缰绳交给乌江亭长，命令剩下的部将下马应战。随着项羽的那声命令，他们就毅然而然地冲向了汉军，没过多久，项羽手下的部将全都阵亡，只剩下项羽一人。这时候，几百匹马包围着项羽，只见一个接一个地从马上滚落下来，原来只要接近项羽的，就必死无疑，毕竟西楚霸王的神威还在。可是，纵使他力能扛鼎，终归只是孤军奋战。后来，包围项羽的圈子慢慢缩小，汉军其实谁都害怕，但是谁也不愿意失去这个立功的绝佳机会。忽然，项羽的眼睛盯着对面汉军的一个军官，当下认出了他是之前跟他关系不错的吕马童。吕马童吓了一跳，赶紧避开他的眼神。但是此时项羽的心已死，就跟他说，刘邦既然悬赏千金、封万户侯要他这颗脑袋，看在他们过去相识一场的份上，就把这颗头颅送给他当作礼物。项羽说完，就横剑自尽了。曾经叱咤风云的西楚霸王项羽，就这么了结了他的一生！

这时候，汉军见到项羽已经自尽，将领们都争先恐后地去抢夺项羽的尸体。大家你争我抢，互相残杀，也死伤了不少，后来项羽的头被王翳抢到了，而其他的人，比如杨喜、吕马童、吕胜、杨武等人就把项羽分尸，拿着他的胳膊和大腿，奔向刘邦去邀功了。

功成身退

劝刘邦计封雍齿

　　就这样，西楚霸王项羽终于被刘邦所灭，也结束了楚汉相争的局面。汉五年的二月，刘邦在韩王信、淮南王英布、楚王韩信、梁王彭越等人的拥护之下，在汜水南方称帝，而刘邦也是一口气封了二十几个功臣。这也终于让刘邦圆了他的梦想，真正高枕无忧地当皇帝了。但是，他还没高兴太早，就发现此时最急于要解决的问题有两个：一个是在消极方面，即处理善后；另一个是在积极方面即开国的建设。

　　张良在这两个方面，对汉朝做出了巨大的贡献。他提出的策略都是颇有成效，而这也完全发挥出了他的举世无双的计策和才能。关于第一个问题，是因为平定天下之后，众将开始争功，张良则建议刘邦分封群臣，结果这一招立刻收到了成效。

　　汉六年的正月里的一天，张良跟着汉高祖刘邦在洛阳巡查，从大老远就能看到有一些军官正成群结队地聚在一起指手画脚，交头接耳，议论纷纷，神情十分诡秘。刘邦不禁起了疑心，赶忙询问张良这是怎么回事。

　　张良一看就明白了情况，严肃地说："陛下怎么连这都不知道！他们是在商量谋反啊。"

刘邦脸色立刻变得死灰，诧异地问道："天下刚刚安定，他们为什么还要谋反呢？"

张良进一步说道："陛下您原来是个平头百姓，但是您靠着这一群兄弟打下了江山。现在您贵为天子，但是封赏的都是一些亲信和朋友，还有许多人没有受封呢！真的按照军功封赏，恐怕分尽了天下也不够用。这群兄弟也一定知道这个道理，他们担心您因为无地可分而采用追究其先前过失的手段，因此不得不聚在一起商量对策。唯一的出路当然是谋反。"

张良的这一番分析合情合理，只听得刘邦汗流浃背，他急忙向张良问计。张良考虑了半天，突然若所有所思地问刘邦在众将领里面，他生平最讨厌而且又不被人知道的是谁，刘邦连想都没想，就说是雍齿。因为雍齿当初跟随刘邦造反，曾被委以重任，据守后方基地。当刘邦率军向前挺进时，雍齿居然被魏国策反。刘邦只得回师丰邑，雍齿兵败，逃至魏国。但是魏国随即被秦军击败，魏王自杀，雍齿只好又跑到赵国，投奔赵将张耳。此后，赵国被秦军围攻，多亏项羽统帅的楚军援救才得以苟延残喘，雍齿见楚军势大，又改换门庭，投靠项羽。此后，项羽与刘邦的联军作战不利，雍齿再次归顺刘邦。

张良听完刘邦的话之后，就请求刘邦降旨立即封赏雍齿，因为这么做，别人看到刘邦如此宅心仁厚，竟然连雍齿都被封赏了，其他的人就没有什么问题，也就不会再有造反的念头了。刘邦听完之后，茅塞顿开，他立刻降旨，设下丰厚的酒宴，宣雍齿进宫封他为什方侯。就这样，张良的计策解决了汉朝的一场莫大的危机。

主张在关中建都城

张良策划的第二个问题，就是汉朝今后的建国问题。

就在汉朝建立之初，汉高祖刘邦一时没有确定定都在哪里，暂时将国家行政中心放在洛阳。对于创建了新国家的汉高祖刘邦而言，定都何处，是一件决定国本的大事。正在刘邦左思右想的时候，大臣刘敬劝谏刘邦说："把国都建在关中地区。"刘邦听了刘敬的建议，但是还是犹豫不决。刘邦属下的大臣们大都是崤山以东的人，他们眷恋家乡，都希望刘邦在崤山以东建都，因此纷纷建议刘邦建都洛阳，他们对刘邦说："洛阳东有成皋，西有崤山、渑池，背靠黄河，面朝伊水、洛水，它的坚固足以依恃。"

张良听了他们的建议，摇了摇头，觉得不妥，于是他向刘邦详细分析说："洛阳虽然有这些险要，但它的中心地区狭小，不过数百里，土地贫瘠，四面受敌，

张良儒雅风范

这不是可以用武打仗的地方。至于关中，左边是崤山、函谷关，右边有陇山、蜀山，肥沃的田野纵横千里，南边有巴、蜀的富饶，北方有牛马牧畜的胡地大草原，依靠三面的险阻而固守，独开一面向东控制诸侯。如果诸侯安定，可以通过黄河、渭水转运天下的粮食，向西供给京师；如果诸侯有变乱，可以顺流而下，足以维持出征军队的补给。这就是所谓的金城千里，天府之国啊，刘敬所说的是正确的。"

就这样，张良对于定都洛阳还是定都关中，向刘邦进行了详细的分析，将定都两地的利弊进行了比较，而刘邦见张良的分析鞭辟入里，一针见血，更是十分信任地立即下令建都关中。

晚年明哲保身

历史往往有一定的规律，而其中不变的一条就是，等到开国的君主把天下安定了之后，就马上开始诛杀功臣，汉高祖刘邦也是如此，但是张良却在这规律当中明哲保身，急流勇退，所以想要保全晚节还是需要高深的智慧、高度的修养的。

汉高祖刘邦统一天下之后，有一些在中途投奔关系不是特别近的人都是身败名裂，比如韩信、英布和彭越等人。而那些与刘邦关系十分密切的人也都被他关押、抓捕，让他们一辈子也都生不如死，比如樊哙、萧何等人。

汉高帝五年的五月，刘邦正在洛阳南宫宴请文武大臣，觥筹交错，兴高采烈，正喝到高兴的时候，刘邦也是喜不胜收，他还沉浸在一统天下的骄傲当中，于是就问群臣："你们说说，寡人之所以能够得到天下，是什么原因？而项羽失去了他的大好前程，又是为什么？"

王陵因为是刘邦的同乡，而且从小就一起长大的，关系十分密切，他站起来对刘邦说："大王，我觉得这个道理十分简单，大王您的脾气不是很好而且经常骂人，但是项羽的脾气跟大王比起来算是好的，按照道理说，应该是比大王的人缘好才对。但是大王您出手大方，而且每当有将领下攻下一个城池，您就把那个地方赏赐给他，所以人人都勇猛无比，因此才能得到天下。反观项羽却十分小气，他的将领打了胜仗，占领了城池，他不论功行赏，所以没人为他拼命效忠，自然就会失去天下。"王陵说完之后，其他的大臣也都跟着发言，但是内容都和王陵说得差不多。

听完这些，刘邦更是神采飞扬地跟他们说："你们说得都不正确，你们只是看到了表面，没有看到根本。寡人可以告诉你们，如果说到拟计划、定策略，攻城略地，夺人先机而制胜，我比不上张良；要是说到办后勤、练军队、安定后方，爱抚民众，我比不上萧何；要是说到指挥百万大军，攻城略地，我比不上韩信。他们这些人都是旷世奇才，而寡人却能够知人善任，让每个人都发挥他们的特长，这就是我能够得到天下的原因。而项羽却只有一个范增，他还容不得这个人，使得范增被迫回乡，你们试想，他能不失败吗？"

汉高祖六年，刘邦分封有功之臣，当大家都为这名利争得你死我活的时候，张良却是淡然处之。

刘邦对满朝文武说，运筹帷幄之中，决胜千里之外，是张良的功劳，封他为齐国三万户，地点任由张良自己选择。

张良却没有接受这封赏，他对刘邦鞠了一躬，谢礼说："臣蒙陛下的美意受宠若惊，但是臣不敢领受这封赏。想当初臣在下邳起兵，本就没有什么固定目标，然而万幸的是在留县遇到陛下，这可以说是上天的安排让微臣有机会追随陛下左右。而在微臣跟随陛下南征北战的那段时间当中，即使臣有些建议有幸被采用，也是托陛下的洪福，微臣没有任何功劳。臣只是请求陛下赐封微臣留县，留下来做个永远的纪念，这样臣就心满意足了。"可想而知，当满朝文武都在为争功而互相排挤和争斗的时候，而张良却拒绝了这个封赏，实在是淡泊名利，而且拥有大智慧。因为这样一来，张良没有任何把柄会握在别人手里，而此举也让刘邦十分欣慰和赞赏。

自从建都关中之后，张良就公开说："我的祖父和父亲之前都是韩国的宰相，国家被灭之后，我就散尽家财，只是为了报国仇家恨，到后来，我却因为自己的三寸不烂之舌竟然能够追随着帝王的身旁，而且受封万户，位为列侯，这对于一个文弱书生来说算得上到达了人生的顶峰，所以我非常满足现在的生活，而且决定从今天开始，我会舍弃所有的尘世之间的大事小情，追随着赤松子修仙学道去了。"后来张良真的将家门关闭，说是在家中修习奥妙之术，从来不接见别人，只是独享神仙般的生活。

但是，就在高帝七年左右的时候，张良因为太子的废立问题而无奈地被卷入政治的洪流当中。

汉高祖刘邦有一个很是宠爱的妃子戚夫人，她生下了儿子赵王如意，于是刘邦就打算把原配夫人吕雉的早已经被立为太子的刘盈废掉，改立如意为太子。满朝文武都反对刘邦的这个想法，但是刘邦哪会听从他们的劝告，吕雉如热锅上的蚂蚁，急得团团转，不知道该怎么办才好。这时候忽然有人告诉吕后，让她去向留侯张良求救，因为汉高祖十分尊敬张良，而且张良的建议他大部分会很乐意接受的。吕雉听到后马上就派出自己的弟弟建成侯吕泽登门拜访张良。

但是吕泽对张良这个人并不是很了解，进了门他就直接劈头盖脸地教训张良说："张先生您经常为陛下出谋划策，而现在陛下他要废掉太子，对于这种大事，您真的打算坐视不理吗？"

张良见他说话铿锵有力，但是话中带刺，就悠悠然地跟他说："有这样的事情吗？这应该是个值得我们谨慎考虑的大问题，您说的也没错，之前我万幸被陛下夸赞，而且曾经也采纳过我的一些计策，但是现在天下已经太平，如果陛下想换太子，这恐怕是他们父子之间的事情吧？清官难断家务事，你让我去说，有什么用呢？"

　　吕泽一听张良的话就慌了，他只好哭丧着个脸恳求张良赐教妙方，但是张良仍旧不肯答应，吕泽软磨硬泡，死赖着不走，一心想让张良出个主意。张良被他缠得难以招架了，只好帮吕氏家族献上了一个妙计。

　　张良说曾经有四位隐士，高祖对他们都毕恭毕敬，而且之前好几次都打算请这四个人出仕，但他们都婉言拒绝了。这四个人就是商山四皓，他们分别是东园公、绮里季、夏黄公和角里先生。这四个人年纪都很大，之前因为刘邦习惯动不动就骂人，他们难以容忍，就打算隐居起来，不再过问世事。张良让他们可以派人备下一份厚礼，带上太子的亲笔信函专门去请他们出山，如果商山四皓能够出山成为刘盈太子的宾客，那么高祖知道此事之后一定倍感惊喜，之后也会对刘盈太子刮目相看。

　　就这样，吕氏一族听从了张良的计谋，太子刘盈按照张良的办法费了一番周折，请了商山四皓出山。

　　就在汉高帝十一年的七月，突然传出一个消息，淮南王英布起兵谋反。此时刘邦身体有些不适，于是刘邦打算让太子刘盈代替自己领兵征讨。商山四皓听到这个消息，都觉得他们此番下山是来辅佐太子，保护刘盈的安全，如果让太子亲自领兵去征讨，十分危险。

　　四个人找来国舅吕泽一起商议，他们觉得，此次出征如果有幸打了胜仗还算好说，对于将来继承刘邦的位子没有什么影响，但是如果打了败仗，不仅现在这个位子难保，可能还会有大的灾难发生。因为此次派去征讨英布的将领，都是一些当年和刘邦一起打天下关系十分密切而且都能够和刘邦平起平坐的将领，假如真让太子去统领他们，那就等于让一只羊去统领一群野狼，纵然他们嘴上不说，但是心中一定是一万个不服，这样的军队失败的可能性实在是太大了。现如今戚夫人和她的儿子得到高祖的宠幸，高祖早就想要废掉太子，改立赵王如意，再加上如果此次征讨英布战败，这么好的借口都被找到了，那么太子的地位绝对岌岌可危了。

他们四人商议决定将此事尽快报告吕皇后，让吕皇后去刘邦那里哭诉，就说淮南王英布勇猛无比，善于用兵，汉朝此次派出的都是当年追随刘邦的将领，都是太子的前辈，太子不可能能指挥得了他们，而且让太子统帅，可能会遭到英布的藐视和嘲讽，如果英布长驱西进，那汉朝就岌岌可危，而如果高祖亲自带兵统领督军的话，可以振奋士气，那么，征讨英布也就手到擒来了。

听完这个计划之后，吕泽赶忙把这些话告诉给吕皇后。当刘邦听到吕雉的哭诉之后，也认为现在太子确实还没有这个能力，于是决定亲自统率全军征讨英布。

当听到刘邦要亲自督军的时候，张良深深舒了一口气，自己的计谋果真成功了。当刘邦带兵出征的那天，满朝文武都来为刘邦送行，而张良特意独自送他到很远的地方，这样可以为安定太子的地位再施一些手段。张良对刘邦说，自己从小体弱多病，他为此次他不能亲自跟随刘邦而倍感歉疚，刘邦也安慰了他几句，让他回去调息。

于是，张良趁着刘邦临走之前，提醒刘邦忘记一件事情，因为从古至今，只要是帝王出征，都是太子守国，张良因为自己与外界很少有往来，而且刘邦此次行动又迅速，没来得及告诉刘邦，也就疏忽掉了。

当刘邦听到张良提到太子，心里很不高兴，只是勉强地问张良该如何补救。张良认为刘邦此时应当下一道手诏，让太子兼领将军，监督关中，这样一切就没问题了。刘邦满口答应下来，告诉张良，之前派叔孙通做太子太傅，但是这个人办不成什么事情，所以决定在他出征的这段日子，让张良做太子少傅。就这样，太子的地位算是保住了，由于张良的劳力，更是为他增加了一些保障。

汉高帝十二年，淮南军英布战败被杀，征讨淮南王成功，但刘邦却是带着箭伤回朝，而且伤势越来越严重，因此他改立太子的想法越来越强烈。

后来，张良再次献计，让太子刘盈在刘邦凯旋的庆功宴上带上商山四皓，这样刘邦可能会有改变。于是太子刘盈就带着商山四皓前来参加刘邦置办的酒宴。

当刘邦见到太子刘盈身后竟然跟随着四位鹤发童颜、仙风鹤骨的奇人的时候，就想认识认识，商山四皓就告诉刘邦他们的名号。刘邦听到后感到十分惊喜，但又倍感惊诧地询问他们，之前自己也是三番五次地请他们出山，但不见他们有出仕的意思，为什么现在却乐意辅佐自己的儿子呢？

商山四皓听完刘邦的疑问，就告诉他，这是因为之前刘邦总是轻视侮辱贤士，总是喜欢骂人，所以他们就归隐山林，不敢接近刘邦。但是现在太子生性淳朴，而且为人敦厚善良，更懂得礼贤下士，天下很多人都愿意在太子门下效劳，所以他们就出来投在太子门下，希望能够好好辅佐他。

刘邦总是想着要废掉太子而去改立储室，是因为他看太子刘盈特别懦弱，怕他即位之后，用不了多长时间就会把自己呕心沥血打下来的江山让别人霸占，那可就白费力气了，而现在那些开国元勋，尤其是他最信赖的张良也都一致反对自己的想法。而且，现在一直自己请都请不动的商山四皓竟然主动投到了太子门下，他这才放心。于是，刘邦从此不再说要废掉太子的话了。

太子刘盈即位六年之后，张良去世了，而随着他殉葬的竟然只是一块黄石。原来当年张良在下邳接受了黄石公的赠书之后，黄石公曾经跟他约定13年之后在济北相见。黄石公还告诉张良说在谷城山下的那块黄石就是他本人。张良到了13年之约，就去到济北的谷城山下去寻找黄石公所说的石头，结果真的让他找到了。后来张良就把它带回家供奉起来。在张良即将去世的时候，他吩咐家中的人一定要把这块黄石一起带上陪葬。

当然，这只是一个传说，但是这个传说也让更多人把"圯上赠书"的故事流传至今。